essentials

Springer Essentials sind innovative Bücher, die das Wissen von Springer DE in kompaktester Form anhand kleiner, komprimierter Wissensbausteine zur Darstellung bringen. Damit sind sie besonders für die Nutzung auf modernen Tablet-PCs und eBook-Readern geeignet. In der Reihe erscheinen sowohl Originalarbeiten wie auch aktualisierte und hinsichtlich der Textmenge genauestens konzentrierte Bearbeitungen von Texten, die in maßgeblichen, allerdings auch wesentlich umfangreicheren Werken des Springer Verlags an anderer Stelle erscheinen. Die Leser bekommen „self-contained knowledge" in destillierter Form: Die Essenz dessen, worauf es als „State-of-the-Art" in der Praxis und/oder aktueller Fachdiskussion ankommt.

Johannes Berger

Kapitalismusanalyse und Kapitalismuskritik

Prof. (em.) Dr. Johannes Berger
Universität Mannheim
Deutschland

ISSN 2197-6708   ISSN 2197-6716 (electronic)
ISBN 978-3-658-04852-5   ISBN 978-3-658-04853-2 (eBook)
DOI 10.1007/978-3-658-04853-2

Die Deutsche Nationalbibliothek verzeichnet diese Publikation in der Deutschen Nationalbibliografie; detaillierte bibliografische Daten sind im Internet über http://dnb.d-nb.de
abrufbar.

Springer VS

Springer VS ist eine Marke von Springer DE. Springer DE ist Teil der Fachverlagsgruppe
Springer Science+Business Media

www.springer-vs.de

Was Sie von diesem Essential erwarten können

- Eine möglichst genaue Strukturanalyse des Wirtschaftssystems westlicher Länder.
- Eine Übersicht über den Gestaltwandel kapitalistischer Systeme.
- Eine sorgfältige Prüfung der Einwände gegen dieses Wirtschaftssystem.
- Eine Diskussion der Frage, welche Zukunft kapitalistische Wirtschaftssysteme haben, insbesondere eine Diskussion ihrer Wachstumschancen.
- Einen Ausblick auf nichtsozialistische Alternativen zur bestehenden Form der Wirtschaft.

Vorwort

Die nachfolgenden Seiten gehen auf einen Artikel zurück, den ich ursprünglich für das von Andrea Maurer herausgegebene *Handbuch der Wirtschaftssoziologie* (2008) verfasst habe. Diesen Artikel habe ich in einer überarbeiteten und erheblich erweiterten Fassung als Kap. 5 in mein Buch *Der diskrete Charme des Marktes* (2009) aufgenommen. Gerne habe ich das Angebot des Verlags zu einer separaten Ausgabe dieses Kapitels angenommen. Zu diesem Zweck habe ich den Text nochmals überarbeitet und erneut erweitert. Die Gliederung, die prinzipielle Aussage und die Argumentationsrichtung habe ich beibehalten. Aber es macht wenig Sinn, nach Ablauf von fünf Jahren einfach so zu tun, als sei in dieser Zeit nichts mehr Relevantes zu dem Thema publiziert worden. So hoffe ich, dass die Lektüre auch für diejenigen Leser, welche eine ältere Fassung kennen, lohnenswert ist.

Mannheim						Johannes Berger
Dezember 2013

Inhaltsverzeichnis

Einleitung

1

Wer versucht, sich einen Überblick über die Geschichte der Weltwirtschaft zu verschaffen, wird schnell auf einen fundamentalen Sachverhalt stoßen, der dieser Geschichte seinen Stempel aufgedrückt hat. Trotz bedeutsamer technischer Neuerungen wie z. B. die Eisengewinnung, die Verwendung schwerer Metallpflüge und der Bau von Wassermühlen, war die Wirtschaftsgeschichte über Jahrhunderte, wenn nicht Jahrtausende, nicht von kontinuierlicher Verbesserung, sondern von einem ständigen Auf und Ab der Lebensumstände breiter Schichten der Bevölkerung geprägt. Gute Zeiten wechselten sich mit schlechten ab, ohne dass es zu einer durchgreifenden und anhaltenden Verbesserung der Lebensumstände gekommen wäre. Das ändert sich erst gegen Ende des 18. Jahrhunderts mit dem Eintritt erst Englands, dann anderer europäischer Staaten und ihrer überseeischen Abkömmlinge in die Epoche des modernen wirtschaftlichen Wachstums (Kuznets 1973). In der wirtschaftshistorischen Forschung hat diese Epoche verschiedene Bezeichnungen erhalten. Autoren, welche technische Neuerungen in den Mittelpunkt der Betrachtung stellen, erblicken in ihr die von der Industriellen Revolution eingeläutete Epoche (z. B. Clark 2007). Andere Wirtschaftshistoriker legen stärkeres Gewicht auf institutionelle Änderungen, vor allem die Sicherung von Privateigentumsrechten (North und Thomas 1973) und die Etablierung eines Systems von Warenmärkten. Auf Marx (1867) geht der Gedanke zurück, dass die grundlegende Neuerung unzureichend begriffen wäre, wenn sie auf Eigentumsrechte und Warenhandel reduziert würde. Entscheidend ist vielmehr die Durchsetzung und Ausbreitung der kapitalistischen Produktionsweise. Sie baut auf Eigentumsrechten und Warenmärkten auf. Dieser Sicht schließe ich mich an. Die Epoche des modernen wirtschaftlichen Wachstums ist die Epoche des modernen Kapitalismus.

Unter letzterem Begriff verstehe ich mit Karl Marx und Max Weber eine Ordnung der Wirtschaft, deren zentrales Merkmal darin besteht, dass die Eigentümer von Produktionsmitteln in Produktionsprozessen beliebiger Art die Arbeitskraft von Personen, die kein solches Eigentum besitzen, mit dem Ziel verwenden, die

J. Berger, *Kapitalismusanalyse und Kapitalismuskritik, essentials*,
DOI 10.1007/978-3-658-04853-2_1, © Springer Fachmedien Wiesbaden 2014

Ergebnisse der Produktion gewinnbringend auf Märkten abzusetzen. Eine solche Ordnung stellt eine revolutionäre Neuerung dar. In der Produktion begegnen sich zwei hinsichtlich ihrer „Stellung im Produktionsprozess" völlig verschiedene, in ihren Interessen sogar, wie Marx meinte, diametral entgegengesetzte Personengruppen: Die kleine Gruppe der Inhaber der Produktionsmittel, denen – oder deren Beauftragten – die Aufgabe obliegt, die Produktion zu organisieren, und die große Gruppe der abhängig Beschäftigten, die nichts besitzen als ihre eigene Arbeitskraft und die daher zur Fristung ihres Lebensunterhalts ganz und gar darauf angewiesen sind, eine Anstellung in einer kapitalistischen Unternehmung zu finden. Man kann sich leicht vorstellen, dass eine Ordnung, welche im Zentrum der Schaffung des gesellschaftlichen Reichtums zwei Personengruppen zusammenbindet, die antagonistische Interessen verfolgen, einen enormen gesellschaftlichen Zündstoff birgt. Umso verwunderlicher ist es daher, dass sich diese Ordnung trotz vielfältiger Krisen nicht nur in ihren Ursprungsländern als erstaunlich stabil erwiesen hat, sondern darüber hinaus spätestens seit dem Ende des Zweiten Weltkriegs einen Siegeszug um die ganze Welt angetreten hat.

Ursächlich hierfür ist die schwerlich zu bestreitende Tatsache, dass diese Wirtschaftsordnung wie keine andere dazu in der Lage ist, die Lebensumstände der dieser Ordnung unterworfenen Bevölkerung durchgreifend zu verbessern. „The Escape from Hunger and Premature Death, 1700–2100", auf diesen Nenner bringt Robert William Fogel (2004) die Essenz der kapitalistischen Entwicklung. Großen und noch weiter zunehmenden Teilen der Menschheit gelang es, Hunger und frühem Tod zu entkommen, weil eine ständig wachsende Wirtschaft auch bei ungleicher Verteilung ihrer Ergebnisse die Mittel bereitstellte, die Bevölkerung nicht nur mit den Gütern des täglichen Bedarfs, sondern auch mit Gesundheits- und Bildungsgütern zu versorgen. Allerdings gibt es keinerlei Garantie dafür, dass die kapitalistische Expansion, die das Gesicht der Erde verändert hat, immer weiter vorangeht. Es könnte durchaus sein, dass mit dem 21. Jahrhundert (wie im Titel des Buchs von Fogel angedeutet), auch die kapitalistische Expansion an ihr Ende kommt und – sei es aus inneren, in der Logik der Reichtumsproduktion liegenden Gründen, sei es aus äußeren, im Verbrauch natürlicher Ressourcen liegenden – in eine Phase der Stagnation eintritt. Jedenfalls ist es schwer vorstellbar, dass die Erde genügend Platz für den für die jüngste Vergangenheit der kapitalistischen Entwicklung typischen Lebensstil bietet, wenn alle Länder der Welt von diesem Lebensstil ergriffen werden.

Nicht nur aus diesem Grund, sondern vor allem auch wegen befremdlicher Auswirkungen der neuen Produktionsweise auf die individuelle Lebensführung einerseits und das Zusammenleben in Gemeinschaften wie Familie und Staat andererseits wurde die Entstehung und die Expansion dieser Ordnung von Anfang an von einer grundsätzlichen Kritik begleitet, welche ihre Nachteile für weit schwerwiegender einschätzt als ihre doch auch unbestreitbaren Vorteile und die sich daher die Erlösung von den Übeln dieser Ordnung nur in einer Wirtschaft und Gesellschaft jenseits des Kapitalismus vorstellen kann.

Ich gehe im Folgenden so vor, dass ich zunächst einmal die zentralen Eigenschaften eines kapitalistischen Wirtschaftssystems herausstelle und sowohl seine Leistungsfähigkeit als auch seine Problematik beleuchte (Kapitel 2). Ein solches System ist kein „fester Kristall" (Marx 1968, S. 16), sondern ein außerordentlich wandlungsfähiges Gebilde. Nach einem kurzen Blick auf den Gestaltwandel des Kapitalismus (Kapitel 3) wende ich mich der Kritik an diesem Wirtschaftssystem zu (Kapitel 4). So facettenreich diese Kritik auch ist, sie hat es nicht vermocht, eine wirklich plausible Alternative zu konzipieren. Der Beitrag schließt mit der Frage, ob es eine überzeugende Alternative gibt und ob die Menschheit mit diesem Wirtschaftssystem wird leben müssen (Kapitel 5).

Grundzüge des modernen Kapitalismus 2

1. Die kapitalistische Organisation der Wirtschaft ist ein spätes Entwicklungsprodukt – das gilt jedenfalls für den modernen Kapitalismus (im Sinne Webers). Es hat Debatten darüber gegeben, ob nicht auch schon im Altertum die Wirtschaft kapitalistisch organisiert war (hierzu u. a. Weber 1924) und ob diese Organisationsform nicht auch in anderen Erdteilen eventuell schon vor der europäischen Expansion vorhanden war (siehe z. B. Collins 1997). In dieser Frage kommt alles auf die Abgrenzung des Begriffs „kapitalistisch" an, die, wie Weber (1924, S. 13) hervorhebt, „naturgemäß sehr verschieden erfolgen kann". Wenn man den Begriff der „kapitalistischen Wirtschaft" *nicht* „auf eine bestimmte Kapitalverwertungsart: die Ausnutzung fremder Arbeit durch Vertrag mit dem ‚freien' Arbeiter beschränkt… sondern ihn…überall gelten lässt, wo Besitzobjekte, die Gegenstand des Verkehrs sind, von Privaten zum Zweck des verkehrswirtschaftlichen Erwerbs benutzt werden, dann steht nichts fester als ein recht weitgehendes ‚kapitalistisches' Gepräge ganzer…Epochen der antiken Geschichte" (a. a. O. S. 15) – und, so wird man ergänzen dürfen, ganzer Epochen der Geschichte anderer Kulturkreise. Ganz bewusst beschränke ich im Folgenden den Begriff „moderner Kapitalismus" auf die von Weber erwähnte „bestimmte Kapitalverwertungsart". Die auf kontraktueller Arbeit beruhende kapitalistische Wirtschaftsordnung der Neuzeit ist in einem doppelten Sinn einzigartig; sie ist ein spätes und unwahrscheinliches Entwicklungsprodukt, also kein Glied einer harmonischen Abfolge von Wirtschaftsstufen, *und* sie ist das Ergebnis einer historisch einmaligen Konstellation von Strukturen und Kräften, wie sie nur im Europa der frühen Neuzeit gegeben waren.[1]

2. Die vergleichende Wirtschaftssystemforschung hat versucht, die spezifische Eigenart dieses Wirtschaftstypus entweder in einer historisch-zeitlichen oder in

---

[1] Hierzu ausführlich Weber (1981), viertes Kapitel und Schluchter 1991, Kap. 10. Zu den Voraussetzungen der Entstehung des modernen Kapitalismus gehören insbesondere Neuerungen auf dem Gebiet des Rechts, z. B. die Trennung von Privat-und Geschäftsvermögen, die dem Altertum „gänzlich unbekannt" blieb (Weber 1924, S. 22).

J. Berger, *Kapitalismusanalyse und Kapitalismuskritik,* essentials, DOI 10.1007/978-3-658-04853-2_2, © Springer Fachmedien Wiesbaden 2014 5

einer sachlich-systematischen Perspektive auf den Begriff zu bringen. Zu einiger Bekanntheit gelangt ist der Vorschlag von Bücher (1920), in historischer Perspektive zwischen drei Stufen der wirtschaftlichen Entwicklung der ‚europäischen Kulturvölker' zu unterscheiden: der geschlossenen Hauswirtschaft, der Stadtwirtschaft und schließlich der Volkswirtschaft. Diese letzte, seit dem siebzehnten Jahrhundert betretene Stufe zeichnet sich durch die von Unternehmen betriebene Produktion für einen anonymen Markt unter Bedingungen freien Wettbewerbs aus. In sachlicher Hinsicht gelangt man zu interessanten Vergleichsmöglichkeiten, wenn man die denkbaren Antworten auf zwei Fragen miteinander kombiniert: Erstens, wer entscheidet – entweder Privatleute oder ein Kollektiv, z. B. der „Staat" (in der Regel ein für ihn handelnder Ausschuss) – und zweitens, wie werden Entscheidungen miteinander kombiniert – entweder über einen Markt oder über einen von der Zentrale erstellten Plan. Die Befugnis zur Entscheidung liegt bei den jeweiligen Eigentümern der Produktionsmittel, die entweder in Allgemeinbesitz (Staatsbesitz) oder in Privatbesitz sein können. Unter Kapitalismus lässt sich dann eine der vier möglichen Kombinationen verstehen: ein privat-dezentrales Wirtschaftssystem, das die Produktions- und Konsumentscheidungen der Wirtschaftssubjekte dezentral über Märkte koordiniert. Dem Kapitalismus diametral entgegengesetzt ist die Zentralverwaltungswirtschaft, eine Kombination von staatlichem Eigentum an den Produktionsmitteln und staatlich aufgestelltem Wirtschaftsplan.[2]

Solche Ansätze sind durchaus brauchbar, auch wenn die revolutionäre Neuerung, welche die kapitalistische Organisation der Produktion mit sich bringt, aus ihnen kaum ersichtlich wird. Aus dem Blickwinkel der vergleichenden Analyse von Wirtschaftssystemen ist Kapitalismus nur eine von vielen Möglichkeiten, die Produktion zu organisieren. „Die grundstürzende Veränderung des Wirtschaftslebens" (Sombart 1927, S. XIV) als Folge der Heraufkunft des modernen Kapitalismus entgeht einer Forschung, die den Kapitalismus als einen auch schon im Altertum universell verbreiteten Typ des Wirtschaftens ansieht.[3]

---

[2] Die beiden verbleibenden Möglichkeiten sind eine kapitalistische Rationierungswirtschaft – sie kombiniert Privateigentum mit staatlicher – Planung und der Marktsozialismus, die Kombination von marktförmiger Koordination mit Kollektiveigentum. Zu weiteren Differenzierungen gelangt man, wenn bei der zentralen Planung zwischen Mengensteuerung und Preissteuerung unterschieden wird. Siehe hierzu Breyer und Kolmar (2010, Kap. 5.1). Sozialistische Wirtschaftsformen können weiterhin danach unterschieden werden, ob der Staat oder das betriebliche Kollektiv der Eigentümer an den Produktionsmitteln ist. Im ersteren Fall spricht man von Konsumentensozialismus, im letzteren von Produzentensozialismus. Zu den unterschiedlichen Formen der Sozialisierung immer noch instruktiv Korsch (1969).

[3] Anders Sombart (a. a. O.). Für ihn ist die Entfaltung des Kapitalismus „das Wunder, das sich in unserer Zeit vollzogen hat....In der Verfolgung eines so unwirtschaftlichen Zieles wie des Gewinns ist es gelungen, Hunderte von Millionen von Menschen, die früher nicht

3. Erkenntlich wird diese Umstellung und fundamentale Neuerung erst, wenn die kapitalistische Unternehmung in das Zentrum der Analyse gestellt wird.[4] Auch eine Wirtschaft, in der ausschließlich kleine selbständige Produzenten miteinander in Tauschverkehr treten (Marxens „einfache Warenproduktion"), würde noch durch die Definition des Kapitalismus als eines privat-dezentralen Wirtschaftssystems gedeckt. Was den modernen Kapitalismus von allen bisherigen Formen kapitalistischen Wirtschaftens unterscheidet, ist die Beschäftigung von Lohnarbeitern durch die Inhaber eines *Monopols* an Produktionsmitteln. Das hat Marx gesehen. Was ihn umtrieb, waren die betrieblichen wie die gesamtwirtschaftlichen Folgen dieser neuen Organisationsform der Arbeit.

Max Weber ist ihm, was die grundsätzliche Bedeutung der Verwendung der „Ware Arbeitskraft" in kapitalistischen Unternehmen anbelangt, gefolgt. „Der Okzident", so Weber (1920, S. 7), „kennt in der Neuzeit [...] eine [...] nirgends sonst auf der Erde entwickelte Art des Kapitalismus: die rational-kapitalistische Organisation von (formell) freier Arbeit." Allerdings hat er den Schwerpunkt der Analyse von der Ausbeutung auf die rationale Organisation formell freier Arbeit verlegt. Beide sind sich aber wiederum darin einig, dass die Arbeit im modernen Kapitalismus nur formell frei ist. Materiell frei wäre sie, wenn die Gestaltung der Arbeitsbedingungen in die Kompetenz der Beschäftigten selbst fiele. Die mit der Abschaffung der Knechtschaft gewonnene Freiheit, Verträge abzuschließen, beinhaltet für die Besitzer der Arbeitskraft jedoch keineswegs die Garantie, über die Verwendung ihres Arbeitsvermögens frei entscheiden zu können. Mit der Vermietung dieser Ware an das Unternehmen wird das Recht hierzu auf die Firmenleitung übertragen. Das hat Weber fast noch entschiedener als Marx hervorgehoben: „Das formale Recht eines Arbeiters", schreibt er (Weber 1972, S. 439), „einen Arbeitsvertrag jeden beliebigen Inhalts mit jedem beliebigen Unternehmer einzugehen, bedeutet für den Arbeitssuchenden praktisch nicht die mindeste Freiheit in der Gestaltung der Arbeitsbedingungen und garantiert ihm an sich auch keinerlei Einfluss darauf".

„Nirgends sonst auf der Erde": stärker kann man die Umwälzung aller gewohnten Verhältnisse nicht betonen, die der moderne Kapitalismus mit sich gebracht hat. Ohne diese Umwälzung bliebe völlig unverständlich, wieso bis zur Mitte des

---

da waren, zum Leben zu verhelfen, ist es gelungen, die Kultur von Grund auf umzugestalten, sind Reiche gegründet und zerstört, Zauberwelten der Technik aufgebaut, ist die Erde in ihrem Aspekt verändert worden." Unwirtschaftlich ist das Gewinnziel nur aus dem Blickwinkel eines vormodernen Verständnisses der Wirtschaft, das einzig und allein die Produktion und den Tausch von Gebrauchswerten zum Zweck der Versorgung von Haushalten mit allem Lebensnotwendigen als wirtschaftliche Handlung ansieht.

[4] Vgl. Sombart (1916, Bd. II, S. 6): „Das Mindeste, was vorhanden sein muss, damit wir von ‚Kapitalismus' reden können, ist eine kapitalistische Unternehmung."

18. Jahrhunderts es praktisch zu keiner Verbesserung der Lebensumstände für die große Masse der Bevölkerung gekommen ist und erst danach das ständige Wachstum der Wirtschaft zum Signum der Epoche wird. Die weltgeschichtliche Bedeutung dieser Neuerung wird verkannt, wenn man sich in dem Bemühen, sich bloß nicht dem Vorwurf des Eurozentrismus auszusetzen, darauf kapriziert, überall in der Welt Entwicklungen aufzuspüren, die mit denen im Europa der Neuzeit vergleichbar sind. Sie wird ebenfalls verkannt, wenn man die entscheidende Neuerung lediglich, wie in der *new economic history*, in der Etablierung gesicherter Eigentumsrechte erblickt und darüber vergisst, dass letztlich das Operieren kapitalistischer Unternehmen auf dem Boden von Privateigentumsrechten die Grundlage dafür war, Hunger und frühem Tod zu entkommen.[5]

4. Der revolutionäre Bruch mit früheren Formen des Wirtschaftens manifestiert sich nicht nur in Veränderungen der Wirtschaftsorganisation, sondern auch in einer neuen Wirtschaftsgesinnung. Sie ist von Marx und Weber übereinstimmend als eine „Verkehrung von Zweck und Mittel" beschrieben worden. Kapitalismus ist, in den Worten von Marx, eine nicht länger an die „vorausbestimmte Schranke der Bedürfnisse" gebundene „Produktion um der Produktion willen", („der sachliche Reichtum als Selbstzweck") (Marx 1969, S. 63). „Der Mensch" sekundiert Weber (1920, S. 35 f.) „ist auf das Erwerben als Zweck seines Lebens, nicht mehr das Erwerben auf den Menschen als Mittel zum Zweck der Befriedigung seiner materiellen Lebensbedürfnisse bezogen. Diese für das unbefangene Empfinden schlechthin sinnlose Umkehrung des, wie wir sagen würden, ‚natürlichen' Sachverhalts," so fährt Weber wie zur Bekräftigung seiner Aussage fort, „ist nun ganz offenbar ebenso unbedingt ein Leitmotiv des Kapitalismus, wie sie dem von seinem Hauche nicht berührten Menschen fremd ist".

Die „Verkehrung von Zweck und Mittel" ist nicht die einzige revolutionäre Neuerung auf dem Gebiet des Kapitalismus als Kultur. Ein zweiter, ebenso bedeutsamer Grundzug der kapitalistischen Kultur ist die „Versachlichung aller ursprünglich persönlich geknüpften und persönlich gefärbten Beziehungen." Sombart (1916, Bd. II, S. 20) greift damit ein Thema auf, für das sich bereits im „Kommunistischen Manifest" von Marx und Engels (1848) berühmte Formulierungen finden. Die Bourgeoisie, so Marx und Engels, hätte „die buntscheckigen Feudalbande, die den Menschen an seinen natürlichen Vorgesetzten knüpften, unbarmherzig zerrissen und kein anderes Band zwischen Mensch und Mensch übriggelassen als das nackte Interesse, als die gefühllose ‚bare Zahlung'." (Marx und Engels 1959 [1948], S. 464).

---

[5] Im Übergang von einer traditionalen zur kapitalistischen Produktionsweise nehmen Hunger und Elend unter der Arbeitsbevölkerung zu. Aber auf lange Frist ist Lohnarbeit der sicherste Weg für den Zugang zu Lebensmitteln und die Anhebung des Lebensstandards der lohnabhängigen Bevölkerung. Siehe hierzu Drèze und Sen 1989.

Weber (1972, S. 353) spitzt diesen Gedanken zu einem prinzipiellen Gegensatz zwischen kapitalistischer Wirtschaftsgesinnung und religiöser Brüderlichkeitsethik zu: Am „versachlichte(n) Kosmos des Kapitalismus…scheitern die Anforderungen der religiösen Karitas nicht nur, wie überall im einzelnen, an der Widersprüchlichkeit und Unzulänglichkeit der konkreten Personen, sondern sie verlieren ihren Sinn überhaupt."

Drittens schließlich ist der „Gedanke der Berufspflicht" konstitutiv für die „Sozialethik der kapitalistischen Kultur" (Weber 1920, S. 36). Unter der Berufspflicht versteht Weber eine Verpflichtung des Einzelnen, unabhängig vom „Inhalt seiner ‚beruflichen' Tätigkeit, gleichviel worin sie besteht" (ebd.). Berufsausübung als sittliche Pflicht, nicht als Mittel für den Zweck des Lebensunterhalts: insbesondere an diese Behauptung hat sich eine ausgedehnte sozialwissenschaftliche Diskussion angeschlossen. Unternehmer müssen darauf bauen können, dass nicht jede ihrer Anordnungen in Frage gestellt wird. Andernfalls wäre die Ausrichtung des Unternehmens auf das Gewinnziel ernsthaft gefährdet. Wo der Gedanke der Berufspflicht noch wirksam ist, sichert er das fraglose Einverständnis mit den Anordnungen, aber aus der Funktion folgt keineswegs die Existenz dieser Verpflichtung.

Die Verkehrung von Zweck und Mittel, die Versachlichung persönlicher Beziehungen und das Berufsmenschentum: Das alles sind gewiss stark stilisierende („idealtypische") Beschreibungen, bei denen jedes Mal sich die Frage erhebt, inwiefern sie für den Kapitalismus der Gegenwart noch zutreffen. Versteht man unter der Verkehrung von Zweck und Mittel lediglich die Etablierung des Gewinnziels als eines legitimen Ziels, so scheint es mir trotz der hin und wieder aufbrandenden Kritik aus den Kirchen und den Gewerkschaften „sattelfest" in Kraft. Auch wenn vermutlich gerade mittelständische Unternehmen sich mit der Beschreibung der Versachlichung persönlicher Beziehungen nicht abfinden mögen, ist es eine offene Frage, was an der Zurückweisung dieser Beschreibung Ideologie ist und was an ihr eine zutreffende Analyse. Im Vergleich zu vormodernen Verhältnissen ist jedenfalls der Versachlichungsschub unverkennbar. Anders sieht es mit der Frage aus, ob der Gedanke der Berufspflicht für den Kapitalismus der Gegenwart immer noch zutrifft. Befürworter der Idee können auf die historische Entwertung der Hausfrauenrolle verweisen, Kritiker darauf, dass der Beruf sich von einer sittlichen Pflicht zum bevorzugten Instrument des Unterhaltserwerbs (für beide Geschlechter) gewandelt habe.

Die kulturellen Neuerungen des Kapitalismus sind heute weniger umstritten als die strukturellen. Das ändert aber nichts daran, dass der moderne Kapitalismus nicht nur eine neue Struktur, sondern auch und vor allem eine neue Kultur bedeutet. Man mag zu diesen Änderungen stehen, wie man will. Aber ohne Zweifel hat die Expansion des Kapitalismus einen tiefgreifenden Mentalitätswandel mit sich gebracht. In seiner Studie über die Protestantische Ethik (1920) ist Weber den religiösen Wurzeln dieser kulturellen Umstellung nachgegangen. Ich verfolge aber diesen Diskussionsstrang hier nicht weiter, sondern konzentriere mich auf die strukturellen Neuerungen.

5. Wie schon ausgeführt, ist die „rationale Organisation der Arbeit auf dem Boden rationaler Technik" (Weber 1980, S. 323) das Element, wodurch sich der moderne Kapitalismus von den „uralten Formen" des Abenteurer- und Raubkapitalismus unterscheidet. Nicht nur braucht diese Art von Kapitalismus eine „Justiz und Verwaltung, deren Funktionieren…rational kalkuliert werden kann" (ebd. 322), die „modernen Betriebsformen" sind vielmehr selbst bürokratische Organisationen, deren Fortbestand in den Händen eines fachmäßig geschulten Privatbeamtentums (Webers bevorzugter Ausdruck für Angestellte) liegt.

Rational organisiert ist die Arbeit im kapitalistischen Betrieb gleich aus mehreren Gründen: a) als formale Organisation zeichnen den Betrieb Zielgerichtetheit, Planmäßigkeit und Regelbindung statt persönlicher Willkür aus. Auch wenn es gesamtwirtschaftlich irrational wäre, den Markt durch den Plan als Koordinationsinstrument zu ersetzen, ist es einzelwirtschaftlich durchaus rational, planmäßig vorzugehen; b) die Kapitalrechnung sichert die formale Rationalität des Wirtschaftens (Weber 1972, S. 42), da sie sowohl dem Unternehmer als auch den Geldgebern einen Überblick über den Stand des Unternehmens verschafft; c) zwischen den verschiedenen Investitionsmöglichkeiten wird im Idealfall nach ausschließlich wirtschaftsinternen (Maximierung des erwarteten Gewinns) und nicht nach systemfremden Gesichtspunkten entschieden; d) die Arbeitskräfte werden nach Leistungsfähigkeit und – willigkeit ausgewählt. Jede ,Quotierung' würde die Rationalität des Unternehmens einschränken; e) mit der Kündigungsdrohung verfügt der Kapitalismus schließlich über ein Instrument, das die „Herausholung des Leistungsoptimums" (Weber 1972, S. 95) sichert. In der Konkurrenz der Wirtschaftssysteme hat die große historische Alternative zu einer kapitalistischen Organisation der Wirtschaft, der Sozialismus, nicht zuletzt deswegen verloren, weil er über kein ähnlich wirksames Instrument, das Problem des Arbeitsanreizes zu lösen, verfügte.

Die kapitalistische Unternehmung als rationale Organisation formell freier Arbeit -inwieweit ist diese Analyse auch heute noch gültig? Das Bild, das Weber von der kapitalistischen Wirtschaft zeichnet, bedarf in zweierlei Hinsicht einer Korrektur. Erstens fällt auf, dass in einer Analyse, welche die Unternehmung als bürokratische Organisation begreift, für den Unternehmer eigentlich kein Platz ist. „Wenn die menschliche Natur nicht versucht wäre, etwas zu wagen, keine Befriedigung (abgesehen vom Gewinn) in der Erstellung einer Fabrik, einer Eisenbahn, eines Bergwerks oder eines Bauerngutes fände, würde als bloßes Ergebnis kalter Berechnung vielleicht wenig Investition übrig bleiben", hat Keynes (1936, S. 127) gesagt. Ohne unternehmerischen Wagemut, der aus der Sicht der Berechnung von Erwartungswerten irrational ist, kommt es nicht zu eben jener Investitionstätigkeit, welche – im Erfolgsfall – neue Arbeitsgelegenheiten schafft, die Konsumwelt mit neuen Produkten bereichert und das Antlitz der Städte und Landschaften verändert. Wenn die unternehmerische Spekulation allerdings nicht aufgeht, ist der Keim für eine Wirtschaftskrise gelegt.

Schon vor Keynes hat Schumpeters die Rolle des Unternehmertums betont. Die Aufgabe des Unternehmers ist die „Veränderung der Bahn des Ablaufs" (Schumpeter 1911, S. 121) oder die „Durchsetzung neuer Kombinationen durch Entziehung von Arbeits-und Bodenleistungen aus ihren gewohnten Verwendungen" (ebd. 140). Nicht die Verwaltung von Beständen, sondern die ständige Umwälzung der Produktionstechnik und die Erfindung neuer Produkte zeichnet die moderne Unternehmung aus.

Zweitens, um nun seine neuen Kombinationen durchführen zu können, „braucht der Unternehmer Kaufkraft…Er kann nur Unternehmer werden, indem er vorher Schuldner wird" (Schumpeter (1911, S. 148). Kein anderes Wirtschaftssubjekt ist seinem Wesen nach ein Schuldner in demselben Sinne. Damit steht nicht mehr die Beziehung zwischen Kapital und Arbeit im Mittelpunkt der Betrachtung, sondern die zwischen dem Unternehmer als Kreditnehmer und dem „Kapitalisten" als Kreditgeber. Die Kreditgewährung an Unternehmer und damit deren Verschuldung, nicht die rationale Organisation der Arbeit, ist das wesentliche Element des Wirtschaftsprozesses. (ebd. 149). Sie geschieht einzig und allein „zu Zwecken von Neuerungen". Um seine Schulden begleichen zu können, ist der Unternehmer genötigt, solche Neuerungen durchzuführen. Allein solche erfolgreichen Neuerungen können letztlich jenes „Grundphänomen kapitalistischer Wirtschaft" erklären, dass „für Leihkapitalien…dauernd Entgelt gezahlt wird" (Weber 1972, S. 52) und überhaupt gezahlt werden kann.

6. Der moderne Kapitalismus ist an die Existenz eines Arbeitsmarkts, auf dem Arbeitskraft gegen Geld getauscht wird, gebunden.[6] Wie für alle Märkte unter Bedingungen der Moderne gilt auch für diesen Markt, dass der Tauschvorgang geldvermittelt ist. Historisch gesehen ist der moderne Arbeitsmarkt ein spätes Entwicklungsprodukt. Zu seiner flächendeckenden Durchsetzung kam es erst mit der Abschaffung der Armengesetze in England 1834 (Polanyi 1957, Kap. 8). Mit dem Wegfall der Armenunterstützung verblieb für die vom Land vertriebene Bevölkerung als einzige Möglichkeit der Existenzsicherung, ihre Arbeitskraft auf Arbeitsmärkten zum Verkauf anzubieten. Der Arbeitsmarkt basiert somit auf der doppelten Freiheit der Arbeiter: sie sind rechtlich frei und sie sind ‚befreit' (Marxisten würde sagen: beraubt) von Eigentum an Produktionsmitteln, das ihnen eine Existenz unabhängig vom Arbeitsmarkt sichern könnte.

---

[6] Anders Wallerstein (1979), der Kapitalismus durch das ‚Profitmachen' definiert, gleich, auf welcher Organisationsform der Arbeit (z. B. Plantagenwirtschaft, Sklavenarbeit, Lohnarbeit) es beruht.

Sowohl der Arbeitsmarkt selbst als auch die auf ihm gehandelte Ware unterscheiden sich von anderen Märkten (und Waren) durch spezifische Eigentümlichkeiten, die nur ihnen zukommen. Bei der Ware, die auf Arbeitsmärkten gehandelt wird, handelt es sich gerade nicht um Arbeit, sondern um das Arbeitsvermögen; genauer, die Zusage des Arbeitnehmers, für eine bestimmte, zeitlich begrenzte Periode seine Arbeitskraft in den Dienst des Kapitals zu stellen. Dies impliziert die Zusage, sich den Anordnungen des Arbeitgebers zu beugen. Auf dieser Unterscheidung zwischen Arbeit und Arbeitskraft baut die Marxsche politische Ökonomie des Kapitalismus auf. Auch Weber war sie noch präsent, verloren gegangen ist sie erst in Ansätzen, die anstatt von Kapitalismus von ‚Marktwirtschaft‘ sprechen und in der Sicherung von Eigentumsrechten die zentrale Voraussetzung der Marktwirtschaft sehen. Kapitalismus unterscheidet sich aber von der Marktwirtschaft durch die differentielle, hochkonzentrierte Verteilung von Privateigentumsrechten. Zwar hat die neuere Institutionenökonomik[7] die fundamentale Bedeutung des Privateigentums für das wirtschaftliche Geschehen herausgestellt, aber sie hat genauso wenig wie die angeblich institutionenlose Neoklassik auf der Differenz zwischen einem kapitalistischen Wirtschaftssystem und einem System von Privateigentumsrechten insistiert. Die Gleichverteilung des Betriebsvermögens wäre genauso kapitalismusfeindlich wie die Abschaffung des Privateigentums auf dem Wege der Kollektivierung. Die unabdingbare Voraussetzung eines kapitalistischen Wirtschaftssystems ist die Existenz einer Klasse von Personen, für die es optimal ist (optimal im Sinne von: das Beste aus der Situation machen), einen Arbeitsvertrag abzuschließen (vgl. Roemer 1988).

Auch der Arbeitsvertrag selbst besitzt charakteristische Eigentümlichkeiten, die ihn sowohl von einem einfachen Kaufvertrag als auch einem gewöhnlichen Dienstvertrag, in dem üblicherweise die Ablieferung einer Leistung gegen eine bestimmte Bezahlung vereinbart wird, unterscheiden. Am meisten ähnelt er noch einem Mietvertrag. Typisch für den Arbeitsvertrag ist seine Unvollständigkeit. Der Arbeitnehmer räumt dem Arbeitgeber ein, zu einem späteren Zeitpunkt nach Vertragsabschluss die Leistung zu spezifizieren, die von ihm verlangt wird. Dieses artifizielle Arrangement besitzt, wie Simon (1957) herausgestellt hat, Vorteile für beide Seiten und wird genau deswegen gewählt: Der Arbeitgeber muss nicht bei jeder Programmänderung einen neuen Vertrag aushandeln und kann die zu erbringende Leistung zu einem Zeitpunkt festlegen, zu dem er genauer überblickt, was für die betrieblichen Zwecke erforderlich ist. Die ‚Herrschaft des Kapitals‘ verdichtet sich in dem Recht, einen unvollständigen Vertrag zu komplettieren. Dieses Recht liegt beim Unternehmer, weil nur er das notwendige Betriebsvermögen be-

---

[7] Einen guten Überblick zu dieser Forschungsrichtung verschafft das Lehrbuch von Richter und Furubotn (1996).

sitzt und die Beschäftigten mit der Einwilligung in den Arbeitsvertrag alle Rechte auf die Lenkung der Produktion abgetreten haben (vgl. Hart 1995). Der Arbeitnehmer wird für diese Unterwerfung unter das ‚Kommando des Kapitals‘ höher entlohnt als dies bei einem reinen Dienstvertrag der Fall wäre. Allerdings enthält dieses Arrangement Konfliktstoff, der nicht nur potentiell Ineffizienzen verursacht, sondern auch dazu führen kann, dass das ganze Arrangement in Frage gestellt wird. Wenn die Arbeitnehmer antizipieren, dass der Arbeitgeber Entscheidungen trifft, die ausschließlich im betrieblichen Interesse liegen (wozu er laut Arbeitsvertrag berechtigt ist) und ihre anders gelagerten Interessen übergeht, werden sie darauf mit Arbeitszurückhaltung reagieren und weniger Leistung erbringen als dies bei einem wechselseitigen Vertrauen der Fall wäre. Die daraus resultierende potentielle ‚Abwärtsspirale‘ ist von Fox (1974) thematisiert worden.

7. Erst mit der Einrichtung von Arbeitsmärkten gelingt es, ein geschlossenes System von Märkten zu etablieren. Die Unternehmung bezieht alle für die Produktion benötigten Faktorleistungen durch den Auftritt auf Faktormärkten und vertreibt anschließend ihre Produktion auf Warenmärkten. Die Warenform, eine schon der Antike bekannte Figur, wird damit im Kapitalismus universell. „Warenproduktion mittels Waren“, so hat Sraffa (1976) die kapitalistische Produktionsweise charakterisiert. Sie ist insoweit ein wahrhaft „autopoietisches System“ (Luhmann), das in der Lage ist, sich auf der Basis seiner Selbstbezüglichkeit von seiner Umwelt in wichtigen Belangen abzukoppeln. Zwar betrachtet die soziologische Systemtheorie *alle* Teilsysteme der modernen Gesellschaft als „funktional differenziert“, aber was dies konkret bedeutet, lässt sich wohl nirgends besser als am Beispiel der Wirtschaft studieren. Im Zuge der Etablierung der kapitalistischen Produktionsweise treten die wirtschaftliche und die politische Sphäre auseinander. In der vorkapitalistischen Epoche waren sie noch mehr oder weniger miteinander verschmolzen. Die politische Herrschaft über Land und Leute beinhaltete zugleich wirtschaftliche Herrschaft. Vor Anbruch der Moderne war die Organisation der Produktion von der Ausübung herrschaftlicher Gewalt nicht scharf getrennt. Heute hingegen enthält die staatliche Gebietsherrschaft keinerlei wirtschaftliche Konnotationen mehr. Zugleich löst sich die Wirtschaft nicht nur aus politischen, sondern auch aus gemeinschaftlichen Bindungen heraus.

Polanyi (1957) hat das Ergebnis dieses Prozesses als *disembeddedness* beschrieben und beklagt. Ein wirkliches Verständnis für die Vorteile dieser Herauslösung hat er (und haben alle, die ihm folgen) nicht gewonnen. Sichtbar wird die *disembeddedness* z. B. daran, dass der kapitalistische Betrieb (trotz anders lautender Töne des deutschen Betriebsverfassungsgesetzes), idealtypisch gesehen, keine ‚Gemeinschaft‘ ist. Das Arbeitsverhältnis ist von der ‚Vergemeinschaftung‘ mit dem Unternehmer weitgehend befreit. Jedenfalls gilt dies im großen historischen Vergleich mit der Fronarbeit und gerade auch mit der Sklavenarbeit. Die „gefühllose, bare

Zahlung" prägt seitdem mehr oder weniger das Arbeitsverhältnis. Daraus folgt, dass die Reproduktion und die Aufzucht der Kinder, anders als in Sklaverei und Leibeigenschaft, aus dem Arbeitsverhältnis herausgenommen und zu einer Privatangelegenheit der Beschäftigten geworden ist. Auch wenn Verständigung im betrieblichen Alltag für beide Seiten von Vorteil ist und es darüber hinaus den Arbeitgebern selbstverständlich freisteht, sich „nach Feierabend" mit ihren Beschäftigten zu vergemeinschaften, ändert sich nichts daran, dass der Übergang zur kapitalistischen Produktionsweise die für ältere Sozialformationen so typische „Einbettung" beseitigt. Die „Gemeinschaft" (konkreter: die Gemeinde, in welcher der Betrieb angesiedelt ist) mag in Sonntagsreden noch eine Rolle spielen, aber sie spielt in den betrieblichen Entscheidungen zumindest dann, wenn es „hart auf hart" kommt, keine Rolle mehr.

8. Diese Umstellung von „Gemeinschaft" auf „Gesellschaft" ist eine grundlegende Voraussetzung für die Durchsetzung der kapitalistischen Organisation formell freier Arbeit. Sie ist dann vollzogen, wenn die Koordination wirtschaftlicher Handlungen an ein System von Märkten übertragen wird. Einen vorurteilslosen Zugang zu dieser Umstellung hat auch Marx nicht gefunden, und jede Spielart des ‚Kommunitarismus' hat mit den gleichen Verständnisschwierigkeiten zu kämpfen. Märkte sind der Prototyp einer durch rationalen Interessenausgleich und Interessenverbindung charakterisierten Vergesellschaftung (Weber 1972, S. 21). Auf ihnen treffen Anbieter und Nachfrager von Waren aufeinander, die keine persönlichen Beziehungen zueinander haben müssen. Nicht jede unpersönliche Beziehung ist aber schon ein Markt. Vergesellschaftung über den Markt liegt genau dann vor, wenn wenigstens auf einer Marktseite „mehrere Tauschreflektanten um Tauschchancen konkurrieren" (Weber 1972, S. 382). Entweder suchen mehrere Anbieter einen Käufer oder mehrere Nachfrager einen Verkäufer (oder beides). Konkurrenz, nicht Gemeinschaft ist damit das typische Kennzeichen der Marktvergesellschaftung. Konkurrenz schließt aus, nicht ein. Den Zuschlag kann immer nur einer erhalten, und diese Auslese wird über die Zahlungsbereitschaft getroffen. Dass den Zuschlag erhält, wer zahlt, ist für alle, die wegen geringerer Ausstattung mit Zahlungsmitteln leer ausgehen, problematisch, aber gleichwohl jeglicher Günstlingswirtschaft vorzuziehen. Immerhin wird gezahlt und das heißt, es wird eine Gegenleistung erbracht. Die Zahlungsfähigkeit ist in sozialer Hinsicht weit weniger selektiv als eine über soziale Beziehungen organisierte Zuteilung („Vetternwirtschaft").

Aus soziologischer Sicht sind drei weitere Merkmale von Märkten besonders bedeutsam. Erstens, anders als Verbände sind zwar nicht alle Märkte, aber *per definitionem* Konkurrenzmärkte offene soziale Beziehungen. Jeder hat freien Zutritt und, ebenso wichtig, es bestehen keine Schranken, auch wieder auszutreten. *Free entry and exit* ist das auszeichnende Merkmal von Konkurrenzmärkten. Dies ist jedoch ein hochgradig unwahrscheinliches und voraussetzungsvolles Arrangement.

„Normal" ist die mehr oder minder starke Schließung wirtschaftlicher Beziehungen. North et al. (2006) haben auf dieser Grundlage zwischen „open access orders" und „limited access orders" unterschieden. Zeitlich gesehen haben letztere die Geschichte der Menschheit dominiert.

Zweitens sind Märkte mittelbare oder indirekte Formen der Vergesellschaftung. Die Teilnehmer an Tauschprozessen treten nicht direkt, sondern über den Austausch von Waren (auch Geld ist in dieser Sicht eine Ware) in Kontakt. Ein privat erstelltes Gut oder eine Dienstleistung zählen solange nicht gesellschaftlich, als sich nicht ein Käufer für sie findet. Marx hat darin den „Fetischcharakter der Ware" (die Fixierung des Bewusstseins an die Warenform) erblickt: ‚Dritte' bewerten, ob eine Leistung gesellschaftlich zählt. Jede Anstrengung ist vergeblich, wenn sich nicht ein Käufer für sie findet. Drittens schließlich ist der Markt ein anonymer Mechanismus. Die Preise werden im „freien Spiel von Angebot und Nachfrage" gefunden, für dessen Ergebnis niemand verantwortlich zeichnet. Im Konkurrenzmodell legt keine planende Behörde die Preise fest. Würde diese Aufgabe wie bei den sogenannten ‚administrierten Preisen' an eine Behörde übertragen, könnte diese Behörde auch jederzeit für ihre Festlegungen zur Rechenschaft gezogen werden. Das „freie Spiel der Marktkräfte" entzieht sich hingegen einer solchen Anklage. Denkbar ist, es insgesamt zu verwerfen, aber immer dann, wenn der Preis für ein bestimmtes Gut herausgegriffen wird (z. B. Mietpreise, Mindestlöhne usw.), entbrennt der Streit darüber, warum ausgerechnet dieser Preis reguliert werden und wie die Regulierung konkret aussehen soll.

Viel grundsätzlicher ist die Frage, welche Güter überhaupt der Preisbildung und damit der Zuteilung über Märkte überlassen werden und welche über „Verbandsbildung" und damit hoheitlicher Entscheidung durch die Leitung des Verbandes zugeteilt werden sollen. Generell kann die Zuteilung von Gütern an Personen höchst unterschiedlich organisiert werden (z. B. Rationierung, Schlange stehen, Losverfahren, Abstimmung usw.). Die Zahlungsbereitschaft auf Märkten ist nur eine von vielen Möglichkeiten der Lösung des Allokationsproblems. Die hierzu historisch wichtigste Alternative ist die Autoritätsbeziehung. Es wäre aber grundverkehrt, die Expansion kapitalistischen Wirtschaftens mit der Ersetzung von Autoritätsbeziehungen durch freie Märkte gleichzusetzen. Kapitalismus ist ein Wirtschaftssystem, das auf dem Auseinandertreten von Märkten und Hierarchien aufbaut. Unternehmen sind keine Märkte, sondern zwischen Produktmärkten und Faktormärkten angesiedelte hierarchische Organisationen. Auf dieser Unterscheidung zwischen Märkten und hierarchischen Organisationen beruht die Kapitalismusanalyse von Marx bis Williamson (1985).

Das Verhältnis zwischen diesen beiden Regulierungsformen ist räumlich und historisch variabel. Nach einem weit verbreiteten Vorverständnis sind westliche Gesellschaften von Märkten dominiert. Um diese Sichtweise zu korrigieren, fingiert Simon (1991) die Geschichte eines Marsbewohners, der sich der Erde nähert und auf dessen Beobachtungsgerät Unternehmungen als grüne Flächen und Märkte als rote Verbindungslinien zwischen ihnen abgebildet werden. Die Botschaft, die er an seinen Heimatstern sendet, lautet: „large green areas interconnected by red lines". Darüber aufgeklärt, dass es sich bei den grünen Flächen um Organisationen handelt und bei den roten Linien zwischen ihnen um Markttransaktionen, würde unser Marsbewohner erstaunt sein zu hören, dass diese Struktur von den Erdbewohnern Marktwirtschaft genannt wird: „… wouldn't organizational economy be the more appropriate term", so lässt Simon (1991, S. 28) seinen Marsbewohner fragen.

9. Soviel zur Struktur dieses Systems. Zur Charakterisierung seiner Entwicklung beschränke ich mich auf drei Stichworte. Erstens, kapitalistische Systeme sind durch Wachstum charakterisiert. Die Wirtschaftsgeschichte der Menschheit war während ihrer gesamten dokumentierten Periode mehr oder weniger durch Stagnation (definiert als Konstanz des Sozialprodukts pro Kopf) oder allenfalls durch eine sehr allmähliche Steigerung des Sozialprodukts geprägt. Das habe ich in der Einleitung schon angesprochen. Die Heraufkunft und Entfaltung des modernen Kapitalismus bringt Änderungen eines Ausmaßes mit sich, die sogar die Bedeutung der „neolithischen Revolution" in den Schatten stellen. Seit etwa 1870 ist z. B. die Volkswirtschaft der Vereinigten Staaten von Amerika, der entwickeltsten Ökonomie der Welt, jährlich real um durchschnittlich 1,8 % gewachsen. Ein Wachstum dieser Größenordnung mag auf den ersten Blick nicht als sonderlich beeindruckend erscheinen, aber es markiert einen Epochenbruch. Das Sozialprodukt einer Wirtschaft, die jährlich mit zwei Prozent wächst, verdoppelt sich innerhalb von ca. 35 Jahren. Bei anhaltendem Wachstum mit der gleichen Rate verachtfacht es sich in einem Zeitraum von geringfügig mehr als einem Jahrhundert (in 105 Jahren), ein welthistorisch einmaliges Resultat. Die Wirtschaften der USA und Westeuropas sind seit Beginn der kapitalistischen Epoche (Maddison datiert ihn auf 1820) nicht ganz so rasch gewachsen (ca. 1,5 % pro Kopf Wachstum in Westeuropa zwischen 1820 und 2001, 1,7 % in den USA), aber dieses Wachstum hat ausgereicht, um alle gewohnten Lebensverhältnisse von Grund auf umzugestalten. Als Maschine der Reichtumsproduktion ist dieses System unübertroffen, was auch immer sonst seine Defizite sein mögen.

Nicht nur das Sozialprodukt pro Kopf, sondern auch die Lebenserwartung der Bevölkerung all der Länder, die von der kapitalistischen Produktionsweise ergriffen wurden, hat im Vergleich zu der Epoche zwischen dem Jahr 1000 und dem Jahr 1820 sprunghaft zugenommen. Nach den Berechnungen Maddisons brauchte es über 800 Jahre, um die Lebenserwartung in den westlichen Ländern von 24 auf 36 Jahre zu steigern. Hingegen hat sich in einem Bruchteil dieser Zeitspanne (von 1820 bis 2000) die Lebenserwartung im Durchschnitt mehr als verdoppelt (von

36 auf 79 Jahre: Maddison 2005, S. 6). Erklärbar wird dieser Anstieg nur, wenn die Umstellung auf eine kapitalistische Produktionsweise und die damit ermöglichten Spielräume für eine verbesserte Nahrung, Hygiene und Krankenbehandlung in Rechnung gestellt werden. Der wissenschaftlich-technische Fortschritt, der hinter dem Wachstum der Wirtschaft steht, hat auch dazu geführt, dass ansteckende Krankheiten wie Pest, Cholera und Tuberkulose in dem vom Kapitalismus ergriffenen Ländern weitgehend ausgerottet wurden.[8]

Zweitens, kapitalistische Wirtschaften expandieren nicht nur in zeitlicher Perspektive, sondern auch in räumlicher. Seit dem Ende des neunzehnten Jahrhunderts hat dieses Wirtschaftssystem – mit der Unterbrechung der Zwischenkriegszeit – einen Siegeszug um die ganze Welt angetreten. Noch in den siebziger Jahren des letzten Jahrhunderts war der Kapitalismus im Wesentlichen auf die zum Westen gezählten Länder beschränkt. Mittlerweile sind die ostasiatischen sowie die südostasiatischen Länder (und seit jüngstem auch Brasilien) zu neuen Zentren der kapitalistischen Entwicklung geworden, die in ihrer Dynamik die Wachstumsraten der Wirtschaften des „alten" Westens weit übertreffen. Insbesondere die Wirtschaft Chinas wächst mit einem Tempo, das (falls man den veröffentlichten Zahlen glauben darf) ohne Parallele in der Geschichte der kapitalistischen Entwicklung ist. Die kapitalistische Organisation der Wirtschaft besitzt eine transformierende Kraft wie kein anderes Wirtschaftssystem. Sie pflügt ganze Erdteile um, und es gibt keine Organisationsform der Wirtschaft, die vergleichbare Erfolge in der Versorgung der Bevölkerung mit Gütern des täglichen Bedarfs vorzeigen könnte. Der Erfolg dieses Wirtschaftssystems beruht letztlich, wie Schumpeter gesagt hat (1950, S. 113), darauf, „dass die kapitalistische Maschine alles in allem eine Maschine der Massenproduktion ist, was unvermeidlich auch Produktion für die Massen bedeutet". Alle Länder werden in den Mahlstrom dieser Produktionsweise gerissen. In ihrem Gefolge lösen sich traditionale Lebensformen auf. Die Klage über den Verlust vergangener Lebensformen ist ein Grundmotiv der romantischen Kritik an der Expansion marktwirtschaftlicher Verkehrsformen, das auch noch im aktuellen Protest gegen die fortschreitende Globalisierung wirksam ist.

Drittens ist das kapitalistische System technisch revolutionär. Wie kein anderes Wirtschaftssystem lebt es vom technischen Fortschritt. Für die Unternehmen ist der technische Fortschritt einerseits ein Mittel, im Konkurrenzkampf überlebenswichtige Vorteile zu gewinnen; die wirtschaftliche Verwertbarkeit technischer Neuerungen schafft andererseits starke Anreize, die Suche nach neuen technischen

---

[8] Zum Zusammenhang von Gesundheit und Lebensstandard (*Health and Wealth*) und zur überragenden Bedeutung von Fortschritten auf dem Gebiet der Gesundheit siehe jetzt Deaton 2013, Part I). „The poorer the country the worse its health statistics tend to be" (a. a. O. S. 28).

Lösungen zu intensivieren. Jede Neuerung scheint nur dazu da zu sein, durch die nächste überboten zu werden. Sowohl für die Beschäftigten als auch für die Unternehmen bedeutet dies, dass sie sich auf keinem Erfolg ausruhen dürfen und ausruhen können. Die Existenz der Unternehmen und damit die Arbeitsplätze der Beschäftigten sind ständig durch die nächste technische Neuerung bedroht. Gesichert werden können beide aber letztlich nur dadurch, dass das Unternehmen selbst technisch innovativ wird.

Phasen der kapitalistischen Entwicklung

1. Keine auch noch so knappe Behandlung von Problemen der Kapitalismusanalyse kann auf die Thematisierung von Variationen des geschilderten Grundmusters verzichten. Als eine hervorstechende Eigenschaft kapitalistischer Systeme gilt ihre Anpassungsfähigkeit an sich ändernde Umstände und ihre Flexibilität. Typisch für kapitalistische Systeme ist daher ihr permanenter Gestaltwandel, wenn die äußeren Umstände sich ändern oder wenn innere Ursachen eine Variation des Grundmusters erzwingen. Folgt man der Analyse in Kapitel 2, dann können solche Variationen an der Verteilung der Eigentumsrechte ansetzen, an Beschränkungen der Konkurrenz, an der Figur der Lohnarbeit und an der Geltung des Erwerbsprinzips. In der Literatur sind eine Vielzahl von zeitlichen und sachlichen Gliederungen der Gestalten des Kapitalismus vorgeschlagen worden.[1] Beispiele für einen auf der Eindämmung der ‚zügellosen' Konkurrenz beruhenden Gestaltwandel sind der *Monopolkapitalismus* vor dem Ersten Weltkrieg und der *sozialpolitisch gezähmte Kapitalismus* der Nachkriegszeit seit 1950. Die Einschränkung erfolgt im ersten Fall von innen, aus dem System selbst heraus, im zweiten Fall von außen, durch den Staat. Die Entstehung des *korporativen Kapitalismus* der Aktiengesellschaften basiert auf einer Neuverteilung von Eigentumsrechten, der *Finanzmarktkapitalismus* auf der Befreiung der Gewinnerzielung von der Verwendung von Lohnarbeit. Ich stelle im Folgenden die verschiedenen Klassifikationsvorschläge kurz vor, um auf dieser Basis ein Bild von der tatsächlichen Entwicklung einer kapitalistischen Wirtschaftsordnung zu gewinnen.

2. Werner Sombart, der mit seinem Hauptwerk *Der moderne Kapitalismus* wohl wie kein anderer Autor zur Einbürgerung des Terminus ‚Kapitalismus' beigetragen hat (Marx kennt diesen Begriff nicht), unterscheidet zwischen den Epochen Früh-, Hoch- und Spätkapitalismus (letzterer Begriff ist also keine Prägung der Frankfur-

---

[1] Ein Überblick über die Diskussion zu aktuellen Varianten des Kapitalismus findet sich bei Jackson und Deeg 2006.

J. Berger, *Kapitalismusanalyse und Kapitalismuskritik*, essentials,
DOI 10.1007/978-3-658-04853-2_3, © Springer Fachmedien Wiesbaden 2014

ter Kritischen Theorie). Diese Dreiteilung deckt seiner Ansicht nach die gesamte Geschichte des Kapitalismus ab. Im Frühkapitalismus werden all die institutionellen Neuerungen vorbereitet, die dann den Hochkapitalismus prägen. Die Phase des Frühkapitalismus datiert Sombart (1916, Bd. II.1, S. 14), von der Mitte des 15. Bis etwa zur Mitte des 18. Jahrhunderts, den Hochkapitalismus von ca. 1760 bis 1914. Danach beginnt die Phase des Spätkapitalismus.

Für die Zwecke dieses Überblicks ist Sombarts stichwortartige Charakterisierung des Spätkapitalismus besonders instruktiv, da sie ein Schlaglicht auf die Probleme wirft, mit denen der Kapitalismus der Gegenwart in seinen Ursprungsländern konfrontiert ist. Typisch für den Spätkapitalismus ist a) die „Durchsetzung der rein naturalistischen Daseinsweise des Kapitalismus mit normativen Ideen" (Sombart 1927, S. XII), b) die „Entthronung des Gewinnstrebens als des allein bestimmenden Richtpunkts des wirtschaftlichen Verhaltens," c) das „Nachlassen der wirtschaftlichen Spannkraft" (eine abnehmende Dynamik, J.B.), d) „das Aufhören der Sprunghaftigkeit in der Entwicklung," also die Glättung von Krisen und Konjunkturen, e) die „Ersetzung der freien Konkurrenz durch das Prinzip der Verständigung"(!!) und schließlich f) „die konstitutionelle Verfassung des Betriebs". Leider hat Sombart diese Stichworte nicht weiter ausgeführt, sondern nur generell als Alterserscheinungen des Systems hingestellt. Auch wenn man sie nicht als Alterserscheinungen abtut, sind die Mitbestimmung und damit die Einschränkung von Privateigentumsrechten, die Kommunikation zwischen konkurrierenden Unternehmen etwa auf der Ebene der Produktentwickler, „rent seeking" statt Konkurrenz, vor allem aber die allenthalben zu beobachtende „Durchsetzung des Kapitalismus mit normativen Ideen" (z. B. „Geschlechtergerechtigkeit") überaus aktuelle Gesichtspunkte für eine Analyse der Problemlagen des gegenwärtigen Kapitalismus.

3. Aus etwa der gleichen Zeit wie Sombarts Klassifikation stammt die Begriffsprägung „organisierter Kapitalismus" von Rudolf Hilferding. Der Autor sieht die kapitalistische Produktionsweise im Übergang von einer anarchisch-kapitalistischen in eine organisiert-kapitalistische Wirtschaftsordnung begriffen. Der Bezugspunkt dieser Analyse ist die Anarchie der Konkurrenz als Quelle wirtschaftlicher Instabilität. Als Gegenmittel dient die Verbandsbildung. Sie nimmt zwei Formen an: Selbstorganisation des Kapitals und staatliche Intervention. „Anstelle des Sieges des Sozialismus", so lautet ein Schlüsselsatz (Hilferding 1915, S. 322), „erscheint eine Gesellschaft [...] herrschaftlich [...] organisierter Wirtschaft möglich, an deren Spitze die vereinigten Mächte der kapitalistischen Monopole und des Staates stünden, unter denen die arbeitenden Massen in hierarchischer Gliederung als Beamte der Produktion tätig wären." Dem organisierten Kapitalismus gelinge es, die Anarchie der Konkurrenz durch staatliche Lenkung der Produktion und die Schließung von Märkten einzuschränken. Diese Reorganisation wehrt den ansons-

ten nach Hilferdings Meinung unvermeidlichen Übergang in den Sozialismus ab und sichert dem System zugleich seine Stabilität. Wenn nicht alles täuscht, ist eine Version des organisierten Kapitalismus nach dem Abschied vom Sozialismus als Reformziel offen oder insgeheim die wirtschaftspolitische Idealvorstellung sozialistischer Parteien.

Ein Problem von Hilferdings Klassifikation ist, dass graduelle Unterschiede (Monopolisierung sowie das Ausmaß der Staatseingriffe) für eine Epochengliederung herhalten müssen. Dieses Problem wird von einer ganz anders gelagerten und meines Erachtens wichtigeren Unterscheidung vermieden: ich meine die Unterscheidung zwischen dem ‚Eigentümer-Kapitalismus‘ und dem ‚korporativen Kapitalismus‘ der Aktiengesellschaften. Mit der Herausbildung von Aktiengesellschaften kommt es zu einem tief greifenden Strukturwandel, dessen Bedeutung kaum überschätzt werden kann. „Kapital“ bedeutet im alltäglichen Sprachgebrauch eine Darlehenssumme und ein „Kapitalist“ ist jemand, der sein Kapital durch Ausleihen verwertet.[2] Im korporativen Kapitalismus treten die Rollen von Kapitaleinsatz und Unternehmenslenkung auseinander. Zwei Rechte vor allem definieren das Eigentum: Das Residualrecht auf Kontrolle der Verwendung des Eigentums und das Residualrecht auf die Aneignung der Erträge (residual, weil ein Anspruch auf Erträge nur nach Erfüllung aller vertraglicher Pflichten besteht; Milgrom und Roberts 1992, S. 314 f.). Im Eigentümerkapitalismus lag das Kontrollrecht bei den Unternehmungsinhabern, im korporativen Kapitalismus liegt es bei angestellten Managern.[3] Die für diese Gestalt des Kapitalismus typische Trennung von Eigentum und Kontrolle ermöglicht nicht nur die Mobilisierung gewaltiger Kapitalsummen – die dem Kapitalismus der Unternehmungsinhaber verschlossen bleiben muss, da er nur auf sein eigenes bzw. das von ihm geliehene Kapital zurückgreifen kann – sie macht auch das System immuner gegen Kritik. Es wird fraglich, gegen welche Personengruppe sich die Kritik richtet: gegen die Darlehensgeber oder gegen die „fungierenden Kapitalisten“? Der Kapitalist (verstanden als die Produktion leitender Geschäftsinhaber), so hat schon Marx (1969 [1894], S. 454) bemerkt, „verschwindet als [...] überflüssige Person aus dem Produktionsprozess“. Der „wirklich fungierende Kapitalist“ verwandelt sich in einen „bloßen Dirigenten, Verwalter fremden Kapitals“ und der Kapitaleigentümer in einen „bloßen Eigentümer, bloßen Geldkapitalisten“. Marx geht sogar so weit, in der Trennung von Eigentum und Kontrolle die „Aufhebung der kapitalistischen Produktionsweise innerhalb

---

[2] So schon Passow (1927, S. 107).

[3] Grundlegend Berle und Means (1932); populär: Burnham (1951); gründlich die neuere Analyse von Milgrom und Roberts (1992). Vorbereitet werden die neuen Organisationsformen der Aktiengesellschaft und der GmbH durch die erst im Übergang vom Mittelalter zur Neuzeit geschaffene Rechtsfigur der juristischen Person.

der kapitalistischen Produktionsweise selbst" zu erblicken (ebd.). Wenn man es als konstitutiv für den Kapitalismus ansieht, dass die Inhaber der Produktionsmittel gleichzeitig die Leitung innehaben, dann ist diese Sicht auf den korporativen Kapitalismus durchaus schlüssig.

4. Maddison (1991) macht den Gestaltwandel des Kapitalismus nicht an der Unternehmensstruktur fest, sondern an unterschiedlichen Wirtschafts- und Handelspolitiken. Er unterscheidet vier Phasen der kapitalistischen Entwicklung: eine liberale Phase, die von 1870 bis 1913 dauerte, die „Beggar-Your-Neighbour"-Phase (1913–1950), das „Goldene Zeitalter" (1950–1973) und eine Phase der „Cautious Objectives", die sich von dem Ende des „Goldenen Zeitalters" bis in die Gegenwart erstreckt. Die wichtigsten Konstruktionsprinzipien dieser Phasen sind die Ausrichtung der Wirtschaftspolitik am Spannungsfeld von Beschäftigung und Preisstabilität einerseits und am Grad der Freiheit internationaler Faktorbewegungen (also dem Kern der sogenannten Globalisierung) andererseits. Die erste Phase ist durch völlige Bewegungsfreiheit des Kapitals und wirtschaftspolitische Irrelevanz des Beschäftigungsgrads charakterisiert, die zweite durch strikte Kontrolle von Kapitalbewegungen und die Konzentration auf Preisstabilität sogar unter Inkaufnahme von Massenarbeitslosigkeit; in der dritten gewinnt die Vollbeschäftigung Priorität und werden Schritt für Schritt die Kapitalverkehrskontrollen gelockert, während in der vierten schließlich das Schwergewicht auf Preisstabilität gelegt und die Bewegungsfreiheit des Kapitals (weniger der Arbeit) weiter ausgedehnt wird.

Auch wenn Änderungen der Wirtschaftspolitik eine wichtige Rolle spielen, gleichwohl ist fraglich, ob sich allein anhand solcher Änderungen der Gestaltwandel des Kapitalismus erfassen lässt. Bowles et al. (1990) kommen zu einer ganz ähnlichen Epochengliederung wie Maddison, aber begründen sie mit dem Konzept der „Sozialstruktur der Akkumulation": „The social structure of accumulation is a concept that makes it possible to differentiate among different forms of capitalist society and different periods in the evolution of their economies" (Bowles et al. 1990, S. 8). Die Nachkriegs-Sozialstruktur der Akkumulation beruhte auf vier Pfeilern: der *pax americana* (die weltweite Dominanz der amerikanischen Wirtschaft), der wenigstens partiellen Übereinstimmung von Kapital und Arbeit (‚Sozialpartnerschaft'), einem in Vollbeschäftigung und sozialer Sicherheit sich ausdrückenden Gleichklang von Kapital- und Bürgerinteressen und schließlich der Begrenzung der Rivalität zwischen den Unternehmen, also einer Beschränkung der freien Konkurrenz.

Das ist die Essenz des wohlfahrtsstaatlichen Kapitalismus.[4] Folgt man den Autoren, dann war er auch und gerade in den USA das vorherrschende Modell. Ab

---

[4] Ausführlich Berger (1999), Kap. 5.

Mitte der siebziger Jahre gerät diese Form des Kapitalismus jedoch in eine kritische Phase. Seitdem unterscheiden sich die kapitalistischen Hauptländer stärker als zuvor danach, welche Wachstumsstrategien sie auf der Suche nach einer „neuen Prosperitätskonstellation" verfolgen.[5] Insofern variiert der Kapitalismus nicht nur in der historischen Abfolge von Epochen, er nimmt auch in der geographischen Verteilung über die Erde verschiedene Gestalt an.[6] Um diese geographische Variation zu erfassen, sind verschiedene Typologien entwickelt worden. Einige Prominenz haben die Typologien von Esping-Andersen (1990) einerseits sowie von Hall und Soskice (2001) andererseits erlangt. Esping-Andersen unterscheidet „drei Welten des wohlfahrtsstaatlichen Kapitalismus" nach dem Grad, in dem die Warenförmigkeit der Arbeitskraft aufgehoben ist, Hall und Soskice differenzieren zwischen „liberal market economies" und „coordinated market economies". Sie unterscheiden sich „by the extent to which firms rely on market mechanisms to coordinate their endeavours as opposed to forms of strategic interaction supported by non-market institutions" (Hall und Soskice 2001, S. 33). Als Standardbeispiel für eine liberale Marktwirtschaft gelten die USA, für eine koordinierte Marktwirtschaft Deutschland. Wie aus den Analysen von Hall und Soskice hervorgeht, lässt sich zurzeit kein abschließendes Urteil darüber fällen, welche Form des Kapitalismus performativ der anderen Form überlegen ist. Beide Formen haben ihre Vor- und Nachteile.

5. Vor dem Hintergrund der Tatsache, dass seit den siebziger Jahren des letzten Jahrhunderts monetäre Größen (Devisenhandel, Kredite, Handel mit Wertpapieren aller Art) wesentlich schneller gewachsen sind als reale Größen (die Produktion und der Handel mit Gütern und Diensten), gewinnen Behauptungen an Gewicht, dass der Finanzmarktkapitalismus die vorläufig letzte Stufe der kapitalistischen Entwicklung ist. In den USA z. B. wuchs der Anteil des Finanzsektors (u. a. Versicherungsgesellschaften, Banken, Kapitalanlagegesellschaften) am Bruttoinlandsprodukt (BIP) von 2,8 % im Jahr 1950 auf 8,3 % (2006).[7] Aber nicht nur ist der Anteil der Finanzdienstleistungen Am BIP gewachsen (was ja für sich betrachtet nicht krisenhaft sein muss), sondern vor allem hat sich die Kreditvergabe weitgehend vom Wachstum auch einer breit definierten Geldmenge (Bargeld plus Sichteinlagen) befreit und wird zudem immer mehr durch Bankanleihen finanziert. Hierin liegt der entscheidende strukturelle Wandel des Finanzsektors nach

---

[5] Zu diesem Konzept Lutz (1984).

[6] Ein guter Überblick findet sich in Amable (2003).

[7] Greenwood und Scharfstein (2013). Der Beitrag des Finanzsektors zum BIP wird gemessen am *value added* der in diesem Sektor erzielten Einkommen (Unternehmensgewinne plus Gehälter).

dem Zweiten Weltkrieg im Vergleich zu den Gegebenheiten vor ihm (Schubarick und Taylor 2012).

Besonders das rasante Wachstum derivater Instrumente gilt vielen Beobachtern als Beleg für ein neues Stadium und dient gleichzeitig als Grundlage von Befürchtungen, dass die schöne Welt des wohlfahrtsstaatlichen Kapitalismus der Nachkriegszeit gefährdet sei. Der Ausbruch der jüngsten Finanzkrise (2008) ist in der Tat das stärkste Anzeichen dafür, dass es mit der geordneten Welt des Nachkriegskapitalismus endgültig vorbei ist und der Kapitalismus seit etwa 1975 in eine neue Phase seiner Entwicklung eingetreten ist.[8] Als Kennzeichen für diese Entwicklungsstufe gelten die Abkopplung der monetären Seite der Ökonomie von ihrer realen Seite, das stark spekulative Element in allen Transaktionen und die weitgehende Befreiung von staatlicher Aufsicht und Regulierung. Im Zuge der Ausdehnung des Finanzsektors entsteht eine neue Schicht von „Eigentümern ohne Risiko" (Windolf 2008). Charakteristisch für diese neue Schicht ist, dass sie im Unterschied zu den Unternehmern des Eigentümerkapitalismus nicht das Risiko ihrer Fehlentscheidungen trägt und anders als die Manager des korporativen Kapitalismus Einfluss auf alle strategischen Unternehmensentscheidungen nehmen kann. Zu dieser Schicht gehören vor allem das mit Geldgeschäften, dem Handel mit Aktien und Derivaten usw. betraute Personal von Banken, Hedgefonds, *private equity*-Gesellschaften, Versicherungen, sowie von Pensions- und Investmentfonds (vgl. Windolf 2005, S. 23).

Die Verfechter der Finanzmarktkapitalismus-These berufen sich darauf, dass der Finanzsektor mittlerweile zum tonangebenden Sektor der Wirtschaft geworden sei, dass die die „Realwirtschaft" nach seinen Vorstellungen operieren müsse („shareholder value") und dass er den Wirtschaftsstil präge. Befürchtet wird, dass die unkontrollierten Aktivitäten der Finanzwelt die „Realwirtschaft" mit in den Strudel von Finanzkrisen ziehen könnten.[9] Die empirische Basis für Befürchtungen, dass der Finanzsektor hochgradig instabil sei, bildet die Zunahme von Finanzkrisen nach Schwere und nach Häufigkeit seit den siebziger Jahren des letzten

---

[8] Politik und Publizistik sehen die Finanzkrise aber eher nicht als Signum des Zeitenwandels, sondern als ein akzidentelles Ereignis an. Die mehr oder minder einhellige Meinung in Politik und Publizistik war, dass das unverantwortliche Handeln der Investmentbanken die Wirtschaft an den Rand des Abgrunds getrieben habe und dass nur das entschlossene und koordinierte Handeln von Zentralbanken und Regierungen die Wirtschaft vor dem Schlimmsten bewahrt habe. Für ein abschließendes Urteil ist es noch viel zu früh.

[9] Wie die Ereignisse seit 2008 gezeigt haben, geht von Finanzkrisen eine erhebliche Bedrohung für die Realwirtschaft aus. Das ändert aber nichts an der Tatsache, dass ein funktionierender Finanzsektor unabdingbar für eine prosperierende Wirtschaft ist. Das Problem ist nicht „finance" sondern „whether there is ‚too much' finance". Hierzu sehr instruktiv Philippon und Reshef (2013).

Jahrhunderts.[10] Auch nach Meinung unaufgeregter Beobachter reicht die jüngste Finanzkrise nach ihrem Ausmaß und ihren Auswirkungen an die große Depression Anfang der dreißiger Jahre des letzten Jahrhunderts heran.[11] Ihre unmittelbare Ursache liegt in dem unkontrollierten Wachstum von Krediten ohne ausreichende Kreditwürdigkeitsprüfung. Darin ähnelt sie früheren Finanzkrisen. „Financial crises througout modern history", fassen Schubarick und Taylor (2012, S. 1057) zusammen, „can be viewed as credit booms gone wrong". Der mit Abstand beste Prädiktor für eine heraufziehende Finanzkrise, so die Autoren, ist die Zunahme an Krediten. Statt lediglich die Geldmenge im Auge zu behalten, hätten die Zentralbanken besser daran getan, die Kreditvergabe zu kontrollieren.

Der steile Anstieg der Vergabe von Darlehen ohne ausreichende Kreditwürdigkeitsprüfung hat den gesamten Sektor einem nicht mehr überschaubaren Risiko ausgesetzt (mit gefährlichen Folgen für die Realwirtschaft). Die Frage ist, wie es dazu kommen konnte. Offensichtlich haben sowohl bankeninterne als bankenexterne Kontrollen versagt. Finanzkrisen entstehen typischerweise nach einer Phase der Liberalisierung und Deregulierung der Finanzmärkte (Reinhart und Rogoff 2009). Im Rahmen der seinerzeit geltenden Regeln für das Vorhalten von Eigenkapital („Basel II") vermochten Großbanken ihre Bilanzsummen auf das Vierzig-oder Fünfzigfache ihres Eigenkapitals aufzublähen. „Bei diesen Relationen", schreibt Hellwig (2010, S. 23), „genügen relativ kleine Verluste, um die Bank insolvent werden zu lassen oder zumindest bei den Geldgebern…einen Verdacht der Insolvenz zu begründen und die Refinanzierung der Bank zu gefährden." Instabil sind nicht die Finanzmärkte – diese verhalten sich genauso wie von der Theorie unterstellt. Sie verarbeiten Informationen effizient und machen genau dadurch Kurse unvorhersagbar. Instabil sind die Akteure an den Finanzmärkten. Das probate Gegenmittel, dieser Instabilität abzuhelfen und damit die vom Finanzsektor ausgehenden Gefahren für die Gesamtwirtschaft einzudämmen, wäre eine drastische Erhöhung des Eigenkapitals auf wenigstens 30 % der Bilanzsumme (Admati und Hellwig 2013). Noch durchgreifender wäre eine radikale Neuordnung des Geldwesens, welche den

---

[10] Kindleberger und Aliber (2005), Kap. 1.

[11] Vgl. nur Turner et al. (2010). Heute, fünf Jahre nach dem Ausbruch der Krise, fallen die Urteile wieder nüchterner aus. Besonders unter linken Intellektuellen grassierte die Auffassung, die letzten Tage des Kapitalismus seien angebrochen. Soweit die Verluste aus der Finanzkrise nur die Wertpapierbesitzer betreffen, sollten weder die Regierung noch die Medien in Panik verfallen. Was die Regierungen anbelangt, so ist das nur ein frommer Wunsch (und whas die Medien anbelangt, ebenfalls). Regierungen sind bestrebt, Handlungsfähigkeit zu demonstrieren und wollen unter allen Umständen vermeiden, dass ihnen die Krisenfolgen angelastet werden. Medien neigen zur Aufbauschung von Ereignissen.

Banken das Privileg, Geld in der Form von Buchgeld zu schaffen nimmt und das staatliche Vorrecht auf ausschließliche Geldschöpfung wiederherstellt.[12]

Vielleicht nur noch von historischem Interesse ist, dass Marx mit Finanzkrisen nicht nur Befürchtungen, sondern auch Hoffnungen verbunden hatte. Einerseits sah er im Kreditwesen die Bereicherung durch Ausbeutung fremder Arbeit „zum reinsten und kolossalsten Spiel- und Schwindelsystem" gesteigert, andererseits verband er aber gerade damit die Hoffnung, es bilde die „Übergangsform zu einer neuen Produktionsweise" (Marx 1969 [1894], S. 451). In den kritischen Analysen der Soziologie ist von dieser Hoffnung nichts übrig geblieben, die Anprangerung des „Spiel- und Schwindelsystems" fällt dafür umso deutlicher aus.

---

[12] Aktuell zu diesem mit dem Ökonomen Irving Fisher verbundenen Vorschlag Huber (2011). Auf die sog. Eurokrise gehe ich nicht ein, da sie keine Kapitalismuskrise, sondern die Krise des politischen Vorhabens ist, eine Währungsunion zwischen höchst disparaten Ländern ohne gleichzeitige Fiskalunion aus dem Boden zu stampfen. Dass die europäische Staatschuldenkrise (darum handelt es sich, und nicht um eine Krise des Euro), das Wirtschaftswachstum beeinträchtigen kann, steht außer Frage.

Kapitalismus in der Kritik 4

Die Kritik am Kapitalismus ist genauso alt wie dieser selbst. Es gibt kaum ein Übel, für das er nicht schon verantwortlich gemacht worden wäre. Seine unbestreitbaren Errungenschaften (vor allem die Reichtumsproduktion und damit die Befreiung großer Teile der Menschheit von materiellem Elend) zählen in dieser Kritik kaum. Ich gehe im Folgenden nur auf solche Kritikpunkte ein, die sich eindeutig dem Kapitalismus als einer Organisationsform der Wirtschaft zurechnen lassen, die also nicht in der viel breiteren Bewegung der Modernisierung ihren Grund haben. Zu letzteren zählen z. B. die auf Max Weber (1920) zurückgehende Kritik am Freiheitsverlust durch Bürokratisierung und am Sinnverlust durch Rationalisierung sowie die Kritik an der Vereinsamung und Anonymisierung in der Massengesellschaft (vgl. Riesman 1965). Ich konzentriere mich auf die folgenden Punkte: (materielle) Ungleichheit, zunehmende Armut, Ausbeutung der Arbeiter, Instabilität des Wirtschaftssystems, Massenarbeitslosigkeit, Herrschaft über die abhängig Beschäftigten als innersystemische Folgen, Gemeinschaftsverlust und Umweltzerstörung als Folgewirkungen der kapitalistischen Expansion für die nicht-kapitalistische Umwelt des Systems. Nicht zur Sprache kommt die reichhaltige Literatur zum Thema „Marktversagen"[1], aus Platzgründen ebenfalls nicht die älteren Vorwürfe des Im-

---

[1] Der Terminus ‚Marktversagen' ist irreführend. In den Wirtschaftswissenschaften versteht man darunter ganz allgemein „the failure of markets to exist" (Arrow 1977, S. 76). Steigende Skalenerträge, die Ökonomik von Kollektivgütern und externe Effekte stellen sich der Realisierung eines Allokationsoptimums in einem (‚reinen') marktwirtschaftlichen System in den Weg. Es ist also keineswegs so, dass bestehende Märkte nicht richtig funktionierten und in diesem Sinne ‚versagen', sondern dass es aus den verschiedensten Gründen nicht möglich ist, Märkte für bestimmte Aufgaben einzurichten. Z. B. verhindern prohibitiv hohe Markteinrichtungskosten, dass Märkte für externe Effekte entstehen; weil in den Genuss öffentlicher Güter Alle kommen und nicht nur, wer zahlt, können solche Güter nicht privat erstellt werden usw. Aus der Sicht der Marktversagens-Literatur besteht das Problem, das Konkurrenzmärkte aufwerfen, nicht in den potentiell negativen Folgewirkungen ihrer Existenz, sondern im mangelnden Vorkommen solcher Märkte.

J. Berger, *Kapitalismusanalyse und Kapitalismuskritik*, essentials,
DOI 10.1007/978-3-658-04853-2_4, © Springer Fachmedien Wiesbaden 2014

perialismus und Kolonialismus. Dafür werfe ich abschließend einen Blick auf die Kritik an der „Globalisierung".

1. Nichts scheint für eine kapitalistische Wirtschaft typischer zu sein als die materielle Ungleichheit, verstanden als Ungleichheit der Einkommen und der Vermögen. In der Tat ist noch keine kapitalistische Wirtschaft mit Gleichverteilung der Einkommen beobachtet worden. Noch viel ungleicher als die Einkommen sind die Vermögen verteilt. Insofern scheint der Schluss unabweisbar, dass materielle Gleichheit nur jenseits der kapitalistischen Produktionsweise zu haben ist. Einmal vorausgesetzt, dass die tatsächlich beobachtbare Ungleichheit in Gesellschaften mit kapitalistischer Organisation der Wirtschaft eindeutig in dieser Organisationsform ihre Wurzeln hat und daher mit ihr verschwinden würde, harren gleichwohl zwei Fragen der Beantwortung: Erstens, nimmt die Ungleichheit im Lauf der kapitalistischen Entwicklung immer weiter zu, und zweitens, wie viel Ungleichheit verträgt die Gesellschaft bzw. was ist „falsch" an der Ungleichheit?

Zur ersten Frage: Die Ungleichheit ist nicht erst mit dem Kapitalismus in die Welt gekommen, sondern schon viel früher. Sie ist eine „Erfindung" der Hochkulturen, die seit ihrem ersten Auftreten in Mesopotamien bis zum Anbruch der Moderne die Weltgeschichte dominiert haben. Für sie ist Stratifikation typisch. Im Übergang zum Kapitalismus ist diese Ungleichheit nicht beseitigt worden, obwohl die Gleichheitsidee mit der Französischen Revolution ihren Siegeszug um die Welt angetreten hat und Konkurrenzmärkte in dieser Richtung wirken.[2] Materielle Ungleichheit ist jedoch keine unveränderliche Größe, sondern variiert mit dem Entwicklungsgrad der kapitalistischen Produktion. Folgt man Kuznets (1965), dann nimmt sie im Laufe der kapitalistischen Entwicklung erst zu, später wieder ab. Der ‚reife' Kapitalismus ist jedenfalls durch weniger Einkommensungleichheit geprägt als ein erst sein Terrain erobernder Kapitalismus. Wie gut die ‚Kuznets-Kurve' die tatsächliche Entwicklung wiedergibt, ist Gegenstand einer anhaltenden Kontroverse. Insbesondere kann man bestreiten, dass nach einem Kulminationspunkt die materielle Ungleichheit ständig weiter abnimmt.[3]

Wie entwickelt sich die Ungleichheit weltweit? Auch wenn sie in allen vom Kapitalismus ergriffenen Ländern zunehmen sollte, in den alten Industrieländern ebenso wie in den jungen, könnte es trotzdem sein, dass sie weltweit abnimmt; dann nämlich, wenn die neu in den Kapitalismus eintretenden Länder wie z. B.

---

[2] Konkurrenz sorgt dafür, dass für alle gleichartigen Güter und Leistungen die gleichen Preise entrichtet werden. Differentielle Einnahmen für gleiche Leistungen fallen ihr zum Opfer.

[3] Harrison und Bluestone (1988) sind mit der vieldiskutierten Behauptung eines „great U-Turn" wieder steigender Einkommensungleichheit der US-Wirtschaft hervorgetreten. Alderson und Nielsen (2002) erweitern die Hypothese eines „radical reversal of the Kuznetzian scenario of declining inequality with development" (S. 1246) auf 16 OECD Länder.

China und Indien schneller wachsen als die Länder des „reifen" Kapitalismus. Firebaugh (2003) hat gezeigt, dass die „neue Geographie der weltweiten Ungleichheit" auf eine Abnahme der Ungleichheit zwischen den Ländern bei einer gleichzeitigen Zunahme der Ungleichheit innerhalb der entwickelten Länder des Westens (aber auch z. B. Chinas) seit den siebziger Jahren des letzten Jahrhunderts hinausläuft. Die alte Geographie der Ungleichheit war dagegen durch wachsende Ungleichheit zwischen den Ländern und abnehmende Ungleichheit in den schon entwickelten Ländern geprägt. Ob die globale Ungleichheit im Ergebnis weiter ansteigt oder abnimmt, hängt dann davon ab, wie groß der Einfluss der beiden Faktoren (abnehmende Ungleichheit zwischen den Ländern, zunehmende Ungleichheit in einigen Ländern) auf die weltweite Entwicklung jeweils ist.

Eine solche „varianzanalytische" Messung der globalen Ungleichheit (durch Vergleich der Varianz innerhalb von Gruppen mit der zwischen Gruppen) wäre überholt, wenn es im Prinzip gelänge, jedem Bürger auf der Welt ein individuelles Einkommen zuzurechnen. Sala-i-Martin (2006) hat diesen Weg beschritten. Zunächst ermittelt er für 138 Nationen (93 % der Weltbevölkerung) die jährliche Einkommensverteilung zwischen 1970 und 2000. Wo keine Individualdaten vorliegen, werden sie mittels statistischer Verfahren geschätzt. Die weltweite Einkommensverteilung ergibt sich aus der Integration der Einkommensverteilung der einzelnen Länder. Um sich nicht dem Vorwurf auszusetzen, seine Ergebnisse seien von dem verwendeten Ungleichheitsmaß abhängig, misst er die Einkommensverteilung mit den wichtigsten aus der Statistik bekannten Ungleichheitsmaßen (z. B. Gini, Atkinson, Theil) und kommt zu dem Schluss: „not only has world income inequality not increased as dramatically as many feared, but it has, instead, fallen since its peak in the late 1970s" (Sala-i-Martin 2006, S. 356).

Auch dieses Forschungsergebnis ist natürlich offen für Einwände.[4] Aber auch wenn an den empirischen Trendaussagen Korrekturen vorgenommen werden müssten, bliebe die Frage, was an der Ungleichheit „falsch" ist. Materielle Gleichheit, verstanden als Gleichverteilung der Einkommen, ist jedenfalls kein oberster Wert. Dieses Ziel wäre ja auch dann realisiert, wenn alle gleich arm sind. Zwar lässt sich unter bestimmten Voraussetzungen (u. a. identische Präferenzen aller Individuen) zeigen, dass gleichere Verteilungen eine höhere Wohlfahrt stiften, aber dieses Resultat gilt nur für Verteilungen mit dem gleichen Mittelwert (vgl. Atkinson 1970). Die Antwort auf die Frage, ob eine Situation mit geringerem Durchschnittseinkommen, dafür aber größerer Gleichheit tatsächlich einer Situation mit höherem Durchschnittseinkommen unter Inkaufnahme größerer Ungleichheit vorzu-

---

[4] Der Aufsatz von Sala-I-Martin (2006) richtet sich gegen zentrale Aussagen von Milanovic (2005).

ziehen ist, hängt u. a. von der Aversion gegen Ungleichheit ab. Wenn wirtschaftliche Entwicklung nur um den Preis von Einkommensunterschieden zu haben wäre, gäbe es gute Argumente dafür, diesen Preis zu entrichten – das Differenzprinzip von Rawls (1979) könnte auch so gelesen werden. Falls eine ungleiche Einkommensverteilung das Einkommensniveau der ärmsten Gruppe anhebt, dann ist diese Verteilung gerecht.

Von der Behauptung zunehmender Ungleichheit muss man die Behauptung zunehmender Armut unterscheiden. Es kann durchaus sein, dass trotz wachsender Ungleichheit die Armut abnimmt, weil im Zuge der wirtschaftlichen Entwicklung auch die Armen sich besser stellen, nur eben in geringerem Umfang als die der Armut schon entronnenen Gruppen. Die Annahme, die Ausbreitung des Kapitalismus gehe mit steigender Massenarmut einher, hat ihren Ursprung in der Marxschen Verelendungstheorie. Mit keiner Annahme lag Marx so sehr im Widerspruch zu den Tatsachen wie mit dieser Annahme. In Ländern, die von der kapitalistischen Produktionsweise ergriffen wurden, steigen nach einer Phase der Umstellung von einer traditionalen auf die kapitalistische Produktionsweise die Einkommen der Beschäftigten für gewöhnlich an. Mittelfristig kann es jedoch immer wieder zu schweren Einbrüchen wegen Wirtschaftskrisen kommen. Einen besonders eindrucksvollen Einkommensanstieg hat es in den Industrieländern nach dem Ende des Zweiten Weltkriegs gegeben.[5]

Auch weltweit gesehen steht die Behauptung einer kontinuierlich steigenden Armut auf schwachen Füssen. Behauptungen über das Niveau und den Trend der Armut sind zwar hochgradig abhängig von der Armutsdefinition und dem Messverfahren, aber es spricht doch viel dafür, dass mit der Ausbreitung des Kapitalismus über den Erdball die Armut zurückgeht und nicht ansteigt. „In the years since World War II" konstatiert Deaton (2013, S. 218), „the modern world has seen the greatest escape of all. Rapid economic growth in many countries has delivered hundred of millions of people from destitution." Auch die Weltbank geht davon aus, dass Zahl der sehr armen Menschen in den vergangenen drei Jahrzehnten um 721 Mio. auf 1,2 Mrd. gesunken ist. „Wir sind Zeugen eines historischen Moments, in dem sich die Menschen selbst aus der Armut befreien", so der Präsident der

---

[5] Die OECD (2008, Kap. 5) beobachtet allerdings einen Anstieg der relativen Armut für zwei Drittel ihrer Mitgliedsländer in der Periode von Mitte der achtziger Jahre des letzten Jahrhunderts bis zur Mitte des ersten Jahrzehnts des neuen Jahrhunderts. Die Einkommensschwelle für relative Armut, definiert als ein Einkommen von weniger als 60 % des Medianeinkommens, lag in der Bundesrepublik im Jahr 2011 für Ein-Personen-Haushalte bei 980 € (netto). Ob eine solche Armutsschwelle mit dem gewohnten Bild von Armut in Übereinstimmung zu bringen ist, mag jeder Leser für sich entscheiden. Kein noch so rasantes Wachstum kann an der so definierten Armut irgendetwas ändern.

Weltbank, Jim Yong Kim (Handelsblatt 10.10.2013). Trotz dieses Erfolgs darf aber nicht übersehen werden, dass das Leben unter solchen Bedingungen mit für die Bewohner reicher Industrieländer unvorstellbaren Entbehrungen verbunden ist. Der einzig erfolgversprechende Weg, extremer Armut auf Dauer zu entkommen, sind nicht Transfers, sondern das Wachstum der heimischen Wirtschaft.

2. Eng verwandt mit dem Problem der materiellen Ungleichheit ist die Ausbeutung der Arbeiter. Oft wird Ausbeutung als Ursache der Ungleichheit angesehen, aber an sich haben beide Sachverhalte nichts miteinander zu tun. Ausbeutung besteht in der Aneignung fremder Arbeit ohne Gegenleistung. Als Prototyp einer ausbeuterischen Beziehung gilt das Beschäftigungsverhältnis in der kapitalistischen Unternehmung. Die Kritik lautet, dass der kapitalistische Unternehmer von seinen Arbeitskräften mehr Arbeit erhält als er diesen in der Gestalt von Löhnen zurückgibt. Die an die Unternehmung gelieferte Arbeit lässt sich relativ einfach messen: sie variiert proportional mit der Länge des Arbeitstages, wenn man einmal von Problemen des Arbeitstempos, technisch unnötiger Arbeit und unterschiedlich qualifizierter Arbeit absieht (nicht jede Arbeit zählt gleich viel). Der Arbeitgeber entlohnt die Arbeitnehmer letztendlich ebenfalls in Arbeitseinheiten, weil die Waren, welche die Beschäftigten sich von ihren Löhnen kaufen, in ihrer Produktion verausgabte Arbeitsmengen repräsentieren.[6]

Diese Ausbeutungsthese steht und fällt damit, dass die von den Arbeitern an das Unternehmen abgelieferte Arbeit tatsächlich größer ist als die Arbeitsmenge, die in dem vom Lohn gekauften Warenkorb enthalten ist. Marx hat diese Behauptung im *Kapital* nicht bewiesen, sondern nur mit einer passenden Situationsschilderung plausibilisiert. Wenn sich zeigen ließe, dass die im Preissystem definierte Profitrate dann und nur dann positiv ist, wenn auch die im System der gesellschaftlichen Arbeit definierte Mehrwertrate (das Verhältnis von Mehrarbeit für den Kapitalisten zur für die Existenzerhaltung des Arbeiters notwendigen Arbeit) positiv ist, wäre auf der Aggregatebene einer kapitalistischen Wirtschaft der Beweis erbracht. Morishima (1973) hat einen solchen Beweis geliefert. Dieser krankt aber an zweierlei. Er gilt, erstens, nur für homogene Arbeit, abstrahiert also von Qualifikationsunterschieden der Arbeitnehmer. Lässt man sie zu, könnte es sein, dass die besser qualifizierten Arbeiter die weniger qualifizierten ausbeuten. Gegen Morishimas Beweis lässt sich zweitens einwenden, dass der „letzte" Grund für die Ausbeutung gar nicht die Differenz von getauschten Arbeitsmengen ist, sondern eine von der Unternehmung bereitgestellte produktive Technologie, die es erst möglich macht, dass die

---

[6] Ich abstrahiere davon, dass mit unterschiedlichen Konsumptionsmustern der Beschäftigten auch die in den gekauften Waren inkorporierten Arbeitsmengen variieren. Mit der Wahl der Konsumgüter änderte sich dann auch der Grad der Ausbeutung.

Arbeiter weniger Zeit für die Produktion ihrer täglichen Lebensmittel benötigen als der Arbeitstag dauert.

3. Offensichtlicher als die Existenz von Ausbeutung scheint die Instabilität einer kapitalistischen Wirtschaft zu sein. Sie findet ihren Ausdruck in den Schwankungen der Konjunktur, die in der Tat die kapitalistische Entwicklung von Anfang an begleitet haben. Zur Debatte steht nicht, ob Konjunkturschwankungen sich gänzlich vermeiden lassen, sondern eigentlich nur, ob sie sich immer weiter hochschaukeln und in dem unvermeidlichen Zusammenbruch des Systems münden. Marx hatte mit einer solchen Entwicklung gerechnet, aber die Empirie spricht eindeutig gegen eine solche Bewegung der Krisenverschärfung. Gerade die Geschichte der wirtschaftlichen Entwicklung nach dem Zweiten Weltkrieg ist eine schwerlich bestreitbare Erfolgsgeschichte. Zwar hat es auch da Konjunkturschwankungen mit gelegentlichen Rückgängen des Sozialprodukts gegeben, sie erreichten aber nicht annähernd die Größenordnung der Weltwirtschaftskrise des vergangenen Jahrhunderts.[7] Und ob Letztere der Funktionsweise einer kapitalistischen Wirtschaft oder Politikfehlern zuzurechnen ist, ist eine Frage für sich. Vieles spricht dafür, dass besagte Krise durch ‚Regierungsversagen‘ wenn nicht verursacht dann doch dramatisch verschärft wurde.[8] Statt dass die Zentralbanken als *lender of last resort* die Geschäftsbanken mit billigem Geld versorgten, trieben sie diese durch eine Politik des knappen Geldes geradezu in den Zusammenbruch.

Auch wenn schwere Konjunkturkrisen diesen Ausmaßes in Zukunft vermieden werden könnten, weil die Regierungen aus der Katastrophe der Weltwirtschaftskrise gelernt haben (das gleiche gilt für Finanzkrisen), bleibt die Tatsache bestehen, dass die Einkommenschancen und damit die Lebenslagen der abhängig Beschäftigen prinzipiell konjunkturabhängig sind. In Rezessionen gehen Arbeitsplätze verloren und die Arbeitslosigkeit steigt an. Vermieden oder wenigstens abgeschwächt werden könnten solche Effekte, wenn die Unternehmen politische Prämien auf das Horten von Arbeitskräften erhielten. Wenn die Rezession überwunden ist und der Arbeitsmarkt hinreichend flexibel reagiert, geht die Arbeitslosigkeit aber wieder zurück. Vollbeschäftigung scheint jedoch eine Ausnahme des „goldenen Zeitalters" der kapitalistischen Entwicklung nach dem Ende des Zweiten Weltkriegs gewesen zu sein. Theoretische Gründe und die empirische Evidenz sprechen dafür, dass „milde" Arbeitslosigkeit ein Systemerfordernis ist. Nach einer verbreiteten Lehr-

---

[7] Das gilt auch noch für die seit der großen Depression tiefste Rezession der Weltwirtschaft im Jahr 2009. Es kam zu einem Konjunktureinbruch, der nahezu alle Länder der Welt erfasste.

[8] Vgl. z. B. Emmott (2003, S. 184): „There is little room for doubt about the fact that what would, but for government, have been a modest, conventional recession was turned into the most searing downturn of the century, probably of all history."

meinung ist sie im Kapitalismus funktional, um die Ansprüche der Arbeitnehmer auf das Sozialprodukt in Schach zu halten.[9] Ihr Ausmaß variiert jedoch von Land zu Land und sogar von Region zu Region. Schon deswegen wäre es verkehrt, sie insgesamt „dem" Kapitalismus zuzurechnen. Das Niveau der Arbeitslosigkeit ist auch regulatorisch bedingt (z. B. Mindestlöhne!) und könnte durch eine Flexibilisierung des Arbeitsmarkts abgesenkt werden. Vor allem gibt es aber keine Tendenz zu immer weiter ansteigender Arbeitslosigkeit.[10] Zwar ist sie z. B. in Deutschland, wo um 1960 der Arbeitsmarkt leergefegt war, von Zyklus zu Zyklus auf über 12 % (2005) angestiegen; sie ist aber seitdem wieder zurückgegangen (November 2013: 6,5 %).

Es kann keine Rede davon sein, dass Konjunkturkrisen, materielle Ungleichheit, Armut und Arbeitslosigkeit im Kapitalismus dauerhaft überwunden worden seien. Sie haben von Anfang an die Entfaltung dieses Wirtschaftssystems begleitet und es hat nicht den Anschein, als würden sie jemals der Vergangenheit angehören. Einerseits sind Wirtschaftskrisen (im Sinne von Reinigungskrisen) und Arbeitslosigkeit systemnotwendig, andererseits ist „das System" aber sehr erfolgreich bei der Versorgung der Bevölkerung mit Konsumgütern. Umstritten ist, ob mehr Gleichheit das Wirtschaftswachstum abschwächt und damit diese Versorgung gefährdet. Bevor jedoch dieses System wegen der benannten Übel verworfen wird, sollten einige Argumente berücksichtigt werden, die Einwände dieser Art relativieren. Erstens, theoretische Gründe und empirische Beobachtungen sprechen dafür, dass kein anderes Wirtschaftssystem zur kontinuierlichen Anhebung des Lebensstandards besser geeignet ist als der Kapitalismus. Als Maschine zur Reichtumsproduktion ist dieses System unübertroffen. Zweitens, für Ungleichheit, Arbeitslosigkeit und Armut gilt gleichermaßen, dass ihr Ausmaß von Definitionen und Messverfahren abhängt. Für wie „schlimm" sie gehalten werden, ist drittens durch Werturteile bedingt. Viertens gibt es keinen Trend einer kontinuierlichen Zunahme der besagten Übel und fünftens ist denkbar, dass ein „reines" kapitalistisches System weniger von Ungleichheit oder Arbeitslosigkeit geplagt wäre als die Mischwirtschaften der Industrieländer.

4. Kapitalismuskritik ist immer auch Herrschaftskritik gewesen. Sie tritt in zwei Formen auf: als Kritik der politischen Herrschaft im Staat und als Kritik der betrieblichen Herrschaft in der Unternehmung. Es ist wichtig, zwischen beiden Dimensionen zu unterscheiden. Die Kritik der politischen Herrschaft kulminiert in der Behauptung, der Staat sei nichts anderes als ein „Instrument der herrschenden Klasse." „Die politische Gewalt", heißt es programmatisch im Kommunistischen Manifest (1959 [1848], S. 482) „ist die organisierte Gewalt einer Klasse zur Un-

---

[9] Shapiro und Stiglitz (1984).

[10] „Unemploment is untrended over the very long term" (Layard et al. 1993, S. 5).

terdrückung einer anderen." Diese Aussage bildet bis heute die Grundlage einer marxistischen Staatstheorie. Noch der demokratische Rechtsstaat der Gegenwart fällt unter dieses Verdikt. Organisierte Repression und der Klassencharakter politischer Herrschaft bilden nicht nur für vergangene Staatsformen, sondern auch für die Gegenwart des „Spätkapitalismus" die zentralen Gesichtspunkte einer Analyse der Staatstätigkeit. Die „staatliche Herrschaft", schreibt z. B. Offe (1972, S. 77), hat „Klassencharakter…, wenn sie so konstruiert ist, dass es ihr gelingt, das Kapital vor seinem eigenen falschen wie vor einem antikapitalistischen Bewusstsein der Massen in Schutz zu nehmen." In dieser Version der These von der politischen Klassenherrschaft besteht die Aufgabe des Staats darin, das Kapital über seine eigenen „wahren" Interessen aufzuklären und vor potentiellen Massenprotesten z. B. durch geeignete sozialpolitische Maßnahmen zu bewahren.

Die Perspektive, unter der die Staatstätigkeit analysiert wird, ist der Klassenkonflikt. Zu einer gänzlich andersartigen Sichtweise gelangt man, wenn nicht die Existenz von Klassen, sondern die Effizienz von Konkurrenzmärkten als Ausgangspunkt einer Analyse des Staatssektors gewählt wird. Diesen Ansatzpunkt wählen z. B. Atkinson und Stiglitz (1980) in ihren Vorlesungen über „Public Economics". Nicht der Klassengegensatz, sondern „the proposition about the efficiency of competitive equilibrium is used as a reference point to explain the roles of government activity" (ebd., S. 6). Staatsfunktionen ergeben sich dann daraus, dass zum einen die Vorbedingungen für Markteffizienz in der Realität nicht gegeben sind und zum anderen, dass es Ziele gibt, die auch durch noch so effiziente Märkte nicht angesteuert werden können. Gerade wenn das hochgradig irreale Basistheorem der Effizienz der Wettbewerbswirtschaft als analytischer Bezugspunkt akzeptiert wird, so Atkinson und Stiglitz (1980, S. 8), eröffnet sich ein stringenter Weg zur Ableitung von Staatsfunktionen. Als Staatsziele ergeben sich dann Verteilungsgerechtigkeit (durch progressive Besteuerung), Monopolbekämpfung durch Kartellgesetzgebung, Einrichtung von Versicherungen für privat nicht versicherbare Risiken wie z. B. die Arbeitslosigkeit, Konjunktursteuerung, Eindämmung der Drittwirkungen privater Tauschhandlungen (z. B. des Autolärms als Folge des Autokaufs- und Verkaufs), Bereitstellung öffentlicher Güter und Verbot unerwünschter privater Güter wie z. B. Kinderpornographie im Fernsehen.

Die Inangriffnahme dieser Staatsaufgaben lässt sich kaum als Ausübung politischer Klassenherrschaft ansehen – es sei denn, man betrachtete sie als ein raffiniertes Manöver, mit dem der „kapitalistische Staat" die Aufmerksamkeit von seinem eigentlichen Zweck ablenkt. Weitere Gründe dagegen, im Staat nur den direkten oder indirekten Agenten des Kapitals zu erblicken sind: Die Existenz von Kapitalfraktionen mit ganz unterschiedlichen Interessen und die Entstehung einer „Versorgungsklasse" (Lepsius 1979) von Rentnern und Pensionären. Allenfalls wäre es diese Klasse, welcher der Staat dienen würde, wenn er denn überhaupt im Dienste einer Klasse stünde. In die gleiche Richtung einer Abkoppelung des Regierungshandelns von Kapitalinteressen deutet das allgemeine Wahlrecht, insbesondere aber die Eroberung immer weiterer Sozialrechte durch die abhängig Beschäftigten.[11] Die gegenwärtige Lage des Staats in westlichen Gesellschaften scheint mir insgesamt eher durch „Herrschaftsverlust und Sanktionsverzicht" gekennzeichnet zu sein als durch zunehmende Repression.

Substantieller als die Kritik der politischen Herrschaft des Kapitals ist die Kritik an der betrieblichen Herrschaft. Ganz unbestreitbar steht die Belegschaft im Betrieb unter dem „Kommando des Kapitals". Das Recht zur Entscheidung über den Einsatz der Arbeitskräfte liegt ja bei der Unternehmensleitung. Allerdings hat jeder Arbeitnehmer durch den Abschluss eines Arbeitsvertrags dieser Herrschaft zugestimmt. Sie hat Vorteile für beide Seiten. Den Vorteil, nach dem Vertragsabschluss bestimmen zu können, was die Beschäftigten im Einzelnen zu tun haben, entgelten die Arbeitgeber mit höheren Gehaltszahlungen als sie bei einem Vertrag möglich wären, der ihnen dieses Privileg nicht einräumt.

Mit der Umstellung der Befehlsgewalt auf eine vertragliche Basis ändert sich nicht nur der Charakter der Herrschaft, auch ihre Basis wird brüchig. Zumindest kann in einer Gesellschaft, die alle sozialen Beziehungen in vertragliche Formen gießt, Herrschaft nicht mehr auf Ansprüche gegründet werden, die auf Statusunterschieden oder auf einem vorvertraglichen Dienstverhältnis beruhen. Herrschaft auf vertraglicher Basis kann nur solange ausgeübt werden, als die Beherrschten durch die Kündigung des Vertrags etwas zu verlieren haben. Solange sie selbst schadlos kündigen können, steht bei jeder Anordnung die Frage im Raum, aus welchen Motiven sie überhaupt befolgt werden soll. Anders sieht es aus, wenn die Betriebsleitung mit der Nichtverlängerung von Verträgen drohen kann. Das kann sie aber nur, wenn Unterbeschäftigung herrscht, weil nur dann ein Wechsel der Beschäftigung, sieht man einmal von den Friktionskosten (eventuell auch: Reputationskosten) ab, für die Beschäftigten mit empfindlichen Nachteilen verbunden ist.

Aus dem Blickwinkel einer radikalen Kritik der kapitalistischen Herrschaft im Betrieb gehen Ausführungen über die vertragliche Begrenzung und Umformung der Herrschaft an der Wirklichkeit des betrieblichen Geschehens vorbei. Für diese Kritik hat Marx, dessen Leistung ja gerade war, den vertraglichen Charakter des Arbeitsverhältnisses herauszustellen, die entscheidenden Stichworte geliefert. Im kapitalistischen Betrieb, so Marx (1968, S. 674) schlagen „alle Mittel zur Entwicklung der Produktion … in Beherrschungs- und Ausbeutungsmittel des Produzen-

---

[11] Marshall (1950) hat in einem berühmten Aufsatz die Erringung von Sozialrechten in der Perspektive einer potentiellen Gefährdung kapitalistischer Wirtschaftsprinzipien analysiert.

ten" um; sie „verstümmeln den Arbeiter in einen Teilmenschen", „entwürdigen ihn zum Anhängsel der Maschine", „verunstalten die Bedingungen, innerhalb deren er arbeitet", und „unterwerfen ihn während des Arbeitsprozesses der kleinlichst gehässigen Despotie." Die einflussreiche Studie von Braverman (1974) hat den Tenor dieser Analyse für die Kritik des Kapitalismus im Zwanzigsten Jahrhundert übernommen. Degradierung der Arbeiter einerseits, Kontrolle über den Arbeitsprozess andererseits sind und bleiben für ihn die zentralen Merkmale der „reellen Subsumtion der Arbeit unter das Kapital" (Marx). In der auf Braverman folgenden „labor process debate" sind zwar erhebliche Korrekturen an diesem Bild vorgenommen worden, aber an dem prinzipiellen Ansatz, dass der Betrieb nur der Ort ist, an dem ein gesellschaftliches Herrschaftsverhältnis praktisch wird, hat sich zunächst einmal wenig geändert.

Zu einer Korrektur dieses Bildes kam es erst aufgrund dreier analytischer Entwicklungen: der Preisgabe gesellschaftstheoretischer Ambitionen der Industriesoziologie (damit verbunden der Distanzierung von der Marxschen Basis-Überbauthese), der Anerkennung der betrieblichen Organisation als einer eigenständigen Handlungsebene und der Einsicht, dass auch Herrschaftsformen einem zeitlichen Wandel unterliegen. In der neueren deutschen Industrie- und Betriebssoziologie sind diese Denkschritte, wenn ich recht sehe, entschiedener vollzogen worden als etwa in der angelsächsischen radikalen politischen Ökonomie.[12] Aber auch dort wird heute gesehen, dass es verschiedene Formen der betrieblichen Personalführung gibt, dass Taylorismus nur eine extreme und keine universelle Form des Personalmanagements ist und dass Kontrollformen der Arbeit sich im Laufe der kapitalistischen Entwicklung ändern (Edwards 1981).

Wie eine verzweigte wirtschaftshistorische, betriebswirtschaftliche und arbeitssoziologische Forschung gezeigt hat, ist im Verlauf einer langen historischen Entwicklung die betriebliche Herrschaft zeitlich, sachlich und sozial schrittweise eingegrenzt und domestiziert worden. Ein persönliches Willkürregiment ist zwar immer noch nicht ausgeschlossen, aber für die betriebliche Herrschaft im fortgeschrittenen Kapitalismus keineswegs typisch. Trotz der die Öffentlichkeit immer wieder empörenden Berichte über Arbeitshetze und Bezahlung in einzelnen Produktionszweigen läuft die Entwicklung langfristig eher auf Herrschaftsbegrenzung und -zähmung als auf Herrschaftserweiterung hinaus.

Vielleicht am deutlichsten sichtbar wird die postulierte Entwicklungsrichtung in der zeitlichen Beschränkung der betrieblichen Herrschaft. Am Beginn einer

---

[12] Für einen gerafften Überblick zu Entwicklungen in der deutschen Industrie- und Betriebssoziologie Minssen (2006), zur „radikalen politischen Ökonomie" Bowles und Edwards (1990).

Bewegung, deren Ziel die massive Reduktion des Anteils der Arbeitszeit an der Lebenszeit ist, stand die von Marx (1968, Kap. 8) geschilderte „zwangsgesetzliche Beschränkung der Arbeitszeit" durch die englische Fabrikgesetzgebung von 1833–1864. Sie setzte dem „Werwolfsheißhunger für Mehrarbeit" (ebd., S. 258) immer enger gezogene legale Grenzen. Nicht nur die tägliche Arbeitszeit, auch die wöchentliche und jährliche Arbeitszeit sind in den entwickelten Industriegesellschaften seit Anfang des Zwanzigsten Jahrhunderts rückläufig. Schließlich vermindern verlängerte Bildungszeiten und ein jüngeres Pensionierungsalter den Anteil der Arbeitszeit an der Lebenszeit weiterhin. Erst in der allerjüngsten Vergangenheit scheint dieser Trend gebrochen worden zu sein (Heraufsetzung des Rentenalters, Verlängerung der wöchentlichen Arbeitszeit z. B.).

In sachlicher Hinsicht ist die Kommandogewalt des Kapitals insofern beschränkt, als nur befohlen werden kann, was in das Aufgabengebiet des Arbeitnehmers fällt. Eine Vielzahl gesetzlicher Vorschriften hat dazu geführt, dass der Arbeitsprozess hochgradig verrechtlicht wurde. Dies setzt der unternehmerischen Willkür, nach Gutdünken über die Arbeitsbedingungen zu entscheiden, enge Grenzen. Ferner, je qualifizierter die Beschäftigten sind, umso mehr nimmt das ,Kommando des Kapitals' die Gestalt einer allgemeinen Direktive (z. B. Erforschung eines Impfstoffs gegen AIDS) an, deren konkrete Ausfüllung bei den Beschäftigten liegt. Das Schema von Befehl und Gehorsam setzt ja voraus, dass der „Herr" mehr weiß als der Untergebene. Es greift nicht bei qualifizierten Dienstleistungsarbeiten.

Auch in sozialer Hinsicht sind dem Herrschaftsverhältnis von Kapital und Arbeit Grenzen gesetzt. Zum einen ist die Befehlsgewalt auf einen engen Kreis von Vorgesetzten begrenzt, zum anderen gilt auch für den Privatbetrieb die Entpersönlichung der Herrschaft im Zuge ihrer Bürokratisierung. „Die Vorstellung, dass die Verbandsgenossen, indem sie dem Herrn gehorchen, nicht seiner Person gehorchen, sondern…unpersönlichen Ordnungen" (Weber 1972, S. 125) ist keineswegs auf die staatliche Herrschaft beschränkt, sondern charakterisiert auch die betriebliche Herrschaft, soweit sie bürokratisiert ist. Auch für den Betrieb gilt, dass der Herrschende nicht mehr, wie unter Bedingungen traditionaler Herrschaft, „persönlicher Herr" ist (Weber 1972, S. 130), sondern ein Vorgesetzter, der, „indem er anordnet und mithin befiehlt, seinerseits der unpersönlichen Ordnung gehorcht, an welcher er seine Anordnungen orientiert" (ebd., S. 125).

5. Zum Repertoire der Kapitalismuskritik gehört auch die Betrachtung der Auswirkungen der kapitalistischen Expansion auf die soziale und natürliche Umwelt des Wirtschaftssystems. Für die Kritik an den sozialen Auswirkungen der Umstellung auf eine vertragsbasierte Produktionsweise hat Tönnies (1991 [1887]) die Stichworte vorgegeben: Die Zunahme an „Gesellschaft" führe zwangsläufig zu einem Rückgang an „Gemeinschaft". Schon bei Marx, der sich mit einem wirkli-

chen Verständnis der mittelbaren Vergesellschaftung über den Tausch schwer tat, schimmert dieses gedankliche Muster in seiner Kritik an der Entfremdung und der Zerrissenheit der bürgerlichen Gesellschaft durch. Eine begrifflich durchgearbeitete Form hat dieses Denkmuster in der These der „Kolonialisierung der Lebenswelt" (Habermas 1981) als Folge der wirtschaftlichen Expansion gefunden. ‚Falsch' an der Wirtschaft und an der staatlichen Herrschaft sind Habermas zufolge nicht deren Organisationsprinzipien, sondern die Bereichsübertretung: Zu ihr kommt es immer dann, wenn lebensweltliche Sphären unter die Herrschaft ‚systemischer Imperative' gelangen. Diese prominente Kritik übersieht allerdings, dass die ‚Lebenswelt' sich genauso in der Privatwirtschaft und der staatlichen Administration breit machen kann wie Verrechtlichung und Ökonomisierung das alltägliche Leben in Gemeinschaften prägen und entfremden können.

Das Argument vom Gemeinschaftsverlust (oder Moralverlust) als Folge der Expansion der Marktwirtschaft tritt in mehreren Varianten auf. Es ist z. B. präsent in den Befürchtungen der christlichen Kirchen, dass materialistische Einstellungen überhand nähmen und andere, höherwertige moralische Orientierungen („Solidarität") verdrängten. Auch in der wissenschaftlichen Literatur gibt es eine breite Strömung der Kritik am Konsumismus und Hedonismus einer kapitalistisch geprägten Kultur, die an die Stelle älterer und höher geschätzter Lebensformen und Wertorientierungen träten. Daniel Bell (1991) z. B. meinte, der Überfluss an Konsumgütern als Nebenfolge einer kapitalistisch organisierten Reichtumsproduktion befördere einen Hedonismus, der letztendlich auf die Auflösung des bürgerlichen, protestantisch geprägten Arbeitsethos hinauslaufe. Auch für Erich Fromm ist „radikaler Hedonismus und schrankenloser Egoismus" (Fromm 1976, S. 16) das Signum der Gegenwart. Nach seiner Auffassung wurde diese Entwicklung durch die Abtrennung des wirtschaftlichen Verhaltens von der „Ethik und den menschlichen Werten" eingeleitet (Fromm 1976, S. 17). Kritiken dieser Art, so bedenkenswert sie auch sein mögen, leiden zum einen an ihrem unheilbaren Romantizismus. Auch wenn man sich auf den Standpunkt dieser Kritik stellt, scheint nur klar zu sein, dass es zu einem Moral- und Gemeinschaftsverlust gekommen ist. Unklar ist aber schon, welche Periode der Geschichte hierfür den Referenzpunkt abgibt. Zum anderen fehlt dieser Kritik ein Bewusstsein dafür, dass die kapitalistische Expansion nicht nur ältere Formen der Moral beseitigt, sondern, wie Durkheim in seinem Erstlingswerk (Durkheim 1988 [1893]) zeigt, eine neue Moral der wechselseitigen Anerkennung aller Menschen als gleichwertiger Bürger befördert. Die Empfindlichkeit z. B. gegenüber Verletzungen der menschlichen Würde ist in den letzten Jahren enorm gewachsen und nicht geschrumpft.

6. Seit dem Bericht „Die Grenzen des Wachstums" des „Club of Rome" (Meadows 1972) beherrscht die Gefährdung der natürlichen Umwelt durch eine ständig expandierende industrielle Produktion die öffentliche Debatte. Das wirtschaftliche

Wachstum führt, so lautet der Tenor der Kritik, zu einer beängstigenden Verschmutzung von Luft, Erde und Wasser, es verbraucht in einem atemberaubenden Tempo die natürlichen Ressourcen, rottet Arten aus, vernichtet uralte Waldbestände und gefährdet damit nicht nur die Lebensräume vieler Arten, sondern letztlich auch die Lebensgrundlagen des Menschen. Die jüngste Phase dieser Debatte bezieht sich auf die Diskussion um den globalen Temperaturanstieg als eine Folge des erhöhten CO_2-Gehaltes der Atmosphäre (vgl. Stern 2006). Die naturwissenschaftliche Seite dieser Debatte konzentriert sich dabei auf zwei Fragen: Wie sicher ist es, dass der Temperaturanstieg „menschengemacht" ist und wie gravierend sind seine Auswirkungen? Das Ausmaß der Zerstörung zu ermitteln und die naturwissenschaftlichen Zusammenhänge offen zu legen, ist allein Sache der Naturwissenschaften. Die Sozialwissenschaften sind hier inkompetent. Sache der Sozialwissenschaften ist es dagegen, die Aussage, „der Mensch" gefährde seine natürlichen Lebensgrundlagen, so zu präzisieren, dass sie einem bestimmten Handeln zugerechnet werden kann. Die Naturwissenschaften erforschen die stofflichen Ursachen der Umweltzerstörung, die Sozialwissenschaften die Handlungszusammenhänge und Handlungsgründe, die für dieses Phänomen verantwortlich sind. Unterstellt man Handlungsrationalität im Sinne von die Folgen bedenkender Vernünftigkeit, ist schwer zu verstehen, wie es zu dem Raubbau an der Natur kommen kann. Unterstellt man hingegen Handlungsrationalität im Sinne einer kurzfristigen, einzelwirtschaftlichen Rationalität, werden die Folgen dieser Rationalität für die natürliche Umwelt leichter einsehbar. Das Umweltproblem ist dann ein typisches Kollektivgutproblem. Zu seiner Unlösbarkeit trägt Nichtwissen ebenso bei wie eine Kultur, deren Grundzug „Naturvergessenheit" ist.[13]

Um die komplexen Zusammenhänge zwischen kapitalistischer Produktionsweise und Umweltverbrauch zu klären, muss eine Reihe von Fragen der beantwortet werden: a) In welchen Prozessen ist der Umweltverbrauch verankert: im Wirtschaftswachstum oder der Industrialisierung, also einer bestimmten Gestalt der Wirtschaft? b) Wenn der Umweltverbrauch keine Konstante, sondern eine Variable ist, die Koeffizienten des Verbrauchs daher veränderbar sind und mit der ‚Reifung' des Kapitalismus tendenziell zurückgehen, gibt es dann nicht technische Lösungen des Problems? c) Welches Problem ist gravierender: die Erschöpfung der natürlichen Ressourcen oder die Verschmutzung der Umwelt? Wie es aussieht, ist das Letztere der Fall. Wenn alle fossilen Brennstoffe verbraucht sind, wird es neue Energiequellen geben, aber der Anstieg des CO_2-Gehaltes der Atmosphäre bleibt

---

[13] Zur Rolle des Nichtwissens siehe nur Diamond (2005). Die radikalste Kritik am neuzeitlichen Naturverständnis ist wohl Heideggers Kritik an der Seinsvergessenheit der modernen Technik.

eine unabsehbar lange Zeit erhalten. d) Liegt das Problem eher beim Produzenten oder beim Konsumenten? Der Konsument (gerade auch in der Verkleidung des Kritikers) hat es bislang jedenfalls erstaunlich gut vermocht, von seiner Rolle bei der Umweltzerstörung abzulenken.

7. Alle in diesem Abschnitt angesprochenen kritischen Motive finden sich in der aktuellen Kritik an der Globalisierung wieder. Besonders erstaunlich ist das nicht, da aus der Sicht der Globalisierungsgegner dieser Prozess auf Kapitalismus im Weltmaßstab hinausläuft. Solange jedoch noch Nationalökonomien bestehen, macht es einen Unterschied, ob unter der Weltwirtschaft eine internationalisierte Wirtschaft mit Währungsgrenzen verstanden wird, oder eine Wirtschaft, deren Wirtschaftsraum nicht eine Nation, sondern eben die Weltgesellschaft ist. Unter (wirtschaftlicher) Globalisierung wird in der an der Internationalisierung orientierten Diskussion gemeinhin die zunehmende Integration nationaler Ökonomien in den Weltmarkt durch internationalen Handel, Kapitalbewegungen, Auslandsinvestitionen und Migration verstanden. Der Abbau von Zollschranken, die Senkung von Transport- und Kommunikationskosten, leichter zugängliche Informationen, die Angleichung von Rechtssystemen, die Schaffung größerer Währungszonen, kurz: alle Faktoren, welche die Mobilität von Gütern und Diensten erhöhen, beschleunigen die Integration. An dem Vorgang selbst ist an sich nichts wirklich neu; neu ist allenfalls, dass er nach einer Phase der Zurückschraubung und Stagnation seit dem Ende des Ersten Weltkriegs mit Beginn der siebziger Jahre des letzten Jahrhunderts erneut Fahrt aufgenommen hat. Das gilt insbesondere für die Mobilität von Kapital und Arbeit, die ganz entscheidend die gegenwärtige Phase der Globalisierung prägt. Die Anklage lautet, Globalisierung vertiefe die weltweite Armut, verschärfe die Ungleichheit, steigere die Ausbeutung, zerstöre traditionale Lebensformen und gefährde die natürliche Umwelt in bisher ungekanntem Ausmaß.

Aber für welche negativen Erscheinungen ist Globalisierung tatsächlich verantwortlich? Hier ein sicheres Urteil zu gewinnen, setzt voraus, dass am Unterschied zwischen nationaler Wirtschaft und internationalen Verflechtungen nationaler Wirtschaften festgehalten wird, dieser Unterschied also nicht in einem Konzept der Weltwirtschaft verschwindet, der dann pauschal alle Missstände zugerechnet werden. Zur Vermeidung von Wiederholungen begnüge ich mich mit wenigen Bemerkungen zu Armut und Ungleichheit. Zunächst überschätzt die Globalisierungskritik den Einfluss des Welthandels auf die wirtschaftliche Prosperität eines Landes bei weitem. Der Reichtum der schon entwickelten Nationen hängt primär von der Produktivität der Arbeit und damit weit mehr von der internen „Erzeugungsrate des technischen Fortschritts" als vom Außenhandel ab (vgl. Rodrik et al. 2002; Krugman 1996). Den weniger entwickelten Ländern eröffnen sich dadurch Chancen, dass sie teils ihre unter niedrigen Lohnkosten produzierten Waren exportieren, teils den technischen Fortschritt der entwickelten Länder übernehmen können. Je mehr Länder auf den Pfad anhaltenden wirtschaftlichen Wachstums einschwenken, umso aussichtsreicher wird der Kampf gegen die Armut. Die Behauptung weltweit wachsender Armut steht, wie weiter oben ausgeführt, auf Kriegsfuß mit den Fakten.[14] Das Wirtschaftswachstum Chinas und damit die Reduktion der chinesischen Armut wäre ohne Globalisierung, die China erlaubte, Waren im Ausland abzusetzen, für welche noch keine heimische Kaufkraft vorhanden war, kaum möglich gewesen.

Wenn es schon schwierig ist, die Armut in den Entwicklungsländern als Folge der Globalisierung zu verstehen, ist es dann eventuell aussichtsreicher, die wieder ansteigende Ungleichheit in den Industrieländern der Globalisierung zuzurechnen? Die öffentliche Meinung in den entwickelten Ländern sieht diese in einer aussichtslosen Konkurrenz mit den sogenannten Billiglohnländern begriffen. Der Abbau von Arbeitsplätzen, besonders für gering qualifizierte Arbeitskräfte mit der Folge wachsender Armut und Ungleichheit, wird gerne dieser Konkurrenz zugeschrieben. Eine Flut internationaler Publikationen beschäftigt sich mit der Frage, ob die wichtigste Ursache für die wachsende Ungleichheit in den entwickelten Ländern wirklich der rasch wachsende internationale Handel ist oder ob nicht andere Ursachen dafür verantwortlich seien. Wenn ich recht sehe, neigt die Forschung dazu, die Rolle des technischen Fortschritts weit höher zu veranschlagen als internationale Handelsbeziehungen.[15] Vermittelt über Änderungen der Nachfrage begünstigt der technische Wandel in den Industrieländern hoch qualifizierte Arbeitskräfte und benachteiligt gering qualifizierte (*skill biased technological change*).

Die publizistische Diskussion geht meist unbesehen davon aus, dass Länder genauso miteinander konkurrieren wie Unternehmen und daher in der Konkurrenz ebenso wie Unternehmen verschwinden könnten. Wie Krugman (1996) betont hat, widerspricht das jedoch elementaren Einsichten in die Funktionsweise des internationalen Handels. Was schließlich die Entwicklungsländer selbst anbelangt, so erwachsen ihnen vermutlich weniger Probleme aus der Integration in den Weltmarkt als aus der potentiellen Abkoppelung von ihm (siehe manche Länder Schwarzafrikas). Nicht die allseitige Öffnung der Märkte ist „unfair", sondern eine protektionistische Handelspolitik der Industrieländer, die den Entwicklungsländern den Zutritt zu ihren Märkten verweigert.

---

[14] Bhagwati (2004) verteidigt Globalisierung gegen die geläufigen Einwände zunehmender Armut, grassierender Kinderarbeit, Benachteiligung der Frauen, Niedergang der Demokratie, Gefährdung der Kultur, Verschlechterung der Arbeitsbedingungen, sinkender Entlohnung in den Industrieländern und wachsender Macht der Konzerne. Deutlich zurückhaltender urteilen Goldberg und Pavcnik (2007, S. 77) mit Blick auf die Ungleichheit in ausgewählten Entwicklungsländern: „The evidence has provided little support for the conventional wisdom that trade openness in developing countries would favor the less fortunate."

[15] Siehe den Überblick über die Diskussion von Katz und Autor 1999.

Zukunftsperspektiven 5

Im kapitalistischen Zeitalter sind die Einkommen durchschnittlich in einem Ausmaß gestiegen, das niemand vorhersah und das vorherzusagen kühn gewesen wäre. Die Frage ist, ob diesem Zeitalter auch die Zukunft gehört. Die Antwort hierauf hängt vornehmlich von der Lösung zweier Probleme ab: werden kapitalistische Wirtschaften auch in Zukunft so verlässlich wachsen wie in der Vergangenheit und: gibt es plausible Alternativen zu dieser Organisationsform der Wirtschaft?

Die Antwort auf die erste Frage ist mit dem Faktum konfrontiert, dass die Wachstumsraten kapitalistischer Wirtschaften der entwickelten Länder des Westens seit dem Ende des Zweiten Weltkriegs kontinuierlich abgesunken sind. Um nur zwei Länder, die USA und Deutschland herauszugreifen: Das reale Wirtschaftswachstum pro Kopf betrug in den USA im Zeitraum von 1970 bis 1980 2,35 %, von 1980 bis 2000 2,23 % und von 2000 bis 2010 nur noch 0,8 %. Die Zahlen für Deutschland: 1970 bis 1980 2,35 %, 1980 bis 1989 2,03 %, 1990–2000 im wiedervereinigten Deutschland 1,64 % und in der Dekade 2000–2010 1,05 % (United Nations Conference on Trade and Development, Internet). Maddison (2001) errechnet für den Zeitraum von 1950 bis 1973 ein reales pro Kopf Wachstum für die USA von 2,45 %, für Deutschland von 5,02 %.

Die Zahlen scheinen eine eindeutige Sprache zu sprechen. Bevor aber aus ihnen vorschnelle Schlüsse gezogen werden, sollte man sich in Erinnerung rufen, dass das langfristige Wachstum der entwickeltsten Volkswirtschaft der Welt, der USA, pro Kopf nur 1,8 % betrug, also bestenfalls nur ein immer weiteres Abrücken von diesem Wert nach unten als Beleg für sich verdüsternde Wachstumsaussichten gelten kann. Weit wichtiger als die bloße Konstatierung der Fakten ist aber die Analyse der Ursachen des Wachstumsrückgangs. Das diesbezügliche Theorieangebot reicht vom tendenziellen Fall der Profitrate (Marx) über mangelnde Investitionsgelegenheiten (Hansen und Schumpeter) zum *productivity slowdown* (Krugman und viele andere) bis zur Überlastung des Sozialprodukts durch die steigenden Ansprüche

J. Berger, *Kapitalismusanalyse und Kapitalismuskritik,* essentials,
DOI 10.1007/978-3-658-04853-2_5, © Springer Fachmedien Wiesbaden 2014

von Interessengruppen (Olson). Diese Ansätze werfen Licht auf die denkbaren Ursachen einer nachlassenden kapitalistischen Dynamik.

Was aber würde aus der Tatsache versiegenden Wachstums und ihrer schlüssigen Erklärung folgen? Eigentlich doch nur, dass das Zeitalter des kapitalistischen Wachstums, das die letzten 250 Jahre geprägt hat, in einer absehbaren Zukunft, sagen wir in den nächsten 50 Jahren ausläuft, also nur eine begrenzte Periode der Weltgeschichte umspannt und auch nur umspannen kann. Diesen Schluss hat Gordon (2012) gezogen. Die entwickelten Länder zuerst, nach ihnen aber auch die Länder, die heute noch mit Wachstumsraten weite über denen der „reifen" Länder des Westens wachsen, würden in eine Periode der Stagnation eintreten und damit nach der Überwindung der Armut ein Stadium erreichen, das von Keynes in den schönsten Farben gemalt worden ist: „For the first time since his creation man will be faced with his real, his permanent problem – how to use his freedom from pressing economic cares, how to occupy the leisure, which science and compound interest (!) will have won for him, to live wisely and agreeably as well". Vorausgesetzt, an wesentlichen Parametern der Sozialstruktur ändert sich nichts (z. B. müsste die Erwerbsquote konstant bleiben) und es gäbe keine Konkurrenz zwischen den Ländern, könnte auf das vom technischen Fortschritt angetriebene Wachstum als probates Mittel der Lösung von Verteilungskonflikten tatsächlich verzichtet werden. Dann wird man dem Zeitalter des kapitalistischen Wachstums nachrufen können: „Der Mohr hat seine Schuldigkeit getan, der Mohr kann gehen".

Die „schöne neue Welt" wäre eine Welt ohne Wachstumszwang. Dieser Zwang speist sich aktuell vornehmlich aus zwei Quellen: der Alterung der Bevölkerung und der Staatsverschuldung. Nur eine Gesellschaft mit wachsender Wirtschaft kann aus den Staatsschulden herauswachsen und das wachsende Herr der Rentner ohne Einbußen bei den Einkommen der Erwerbstätigen versorgen. Wie aber soll die Wirtschaft wachsen, wenn die Bevölkerung nicht mehr wächst und der technische Fortschritt sich verlangsamt? Das Bevölkerungswachstum ist ein äußerst wirksames Stimulans der kapitalistischen Wirtschaft, die wie keine andere dazu gemacht ist, eine wachsende Bevölkerung mit Konsumgütern von Fernsehern über Autos bis zu neuen Häusern zu versorgen. Das Grundproblem des technischen Fortschritts besteht darin, dass er sich nicht von selbst einstellt, sondern erzeugt werden muss durch Investitionen in Forschung und Entwicklung. Die zentrale Frage lautet hier, ob die wirklich großen, das Wachstum stimulierenden Erfindungen nicht alle schon gemacht sind.

Noch ein Wort zu den denkbaren Alternativen zur kapitalistischen Organisation der Wirtschaft. Die marxistische Tradition hat den Zusammenbruch des Kapitalismus und den Übergang in den Sozialismus vorhergesagt. Tatsächlich zusammengebrochen ist aber der Sozialismus, während die kapitalistische Organisationsform der Wirtschaft sich als erstaunlich stabil erwiesen hat. Das kommt nicht von ungefähr. Sie garantiert zwar nicht Verteilungsgerechtigkeit, aber immerhin Effizienz des Mitteleinsatzes. Z. B. verfügt sie mit der Entlassungsdrohung über ein sehr einfaches und wirksames Instrument, die Leistungsbereitschaft der Arbeitnehmer zu sichern; der Sozialismus kann hier nur auf die „intrinsische Motivation" der Mitglieder des Arbeitskollektivs bauen, also ihre Bereitschaft, persönliche Bedürfnisse (wenig anstrengende Arbeit) hinter betrieblichen Belangen zurückzustellen. Das ist eine brüchige Grundlage.[1]

Effizienzvorteile sprechen für die Durchsetzung und dauerhafte Dominanz der kapitalistischen Produktionsweise. Eine Organisation der Wirtschaft jenseits der Verwendung abhängiger Beschäftigung in rentabilitätsorientierten Unternehmen würde wahrscheinlicher, wenn an drei Stellschrauben des Systems gedreht werden könnte: dem Arbeitszwang, der „reellen Subsumption unter das Kapital" (Marx) und der Lohnform als Remunerationsschema. Der Arbeitszwang fiele weg, wenn alle (erwachsenen) Staatsbürger ein existenzsicherndes Grundeinkommen erhielten, völlig gleich, ob sie beschäftigt sind oder nicht, sich in einer Notlage befinden oder sich selbst ernähren können. Van Parijs (1995) hat in der Gewährung eines solchen Grundeinkommens für Alle den direkten Übergang vom Kapitalismus in den Kommunismus (direkt, weil ohne Umweg über den Sozialismus) erblickt. In der Tat ist der Zugang zu Konsumgütern ohne die Bindung an vorangegangene Arbeitsleistungen ein Grundzug des Kommunismus. Gegen seine Einführung auf dem Wege der Etablierung eines ausreichend hohen Grundeinkommens sprechen nicht nur der Anstieg der Steuerbelastung und der (wohl zu erwartende) Rückgang der Arbeitsmotivation, beides mit der Folge, dass das Sozialprodukt, aus dem das Grundeinkommen doch finanziert werden soll, schrumpft, sondern vor allem die noch in Kraft befindliche Ethik der Arbeitsgesellschaft. Ihr widerspricht es, dass arbeitsfähige Personen am Sozialprodukt partizipieren, ohne zu seiner Erstellung etwas beizutragen.

Die Unterordnung unter das ‚Kommando des Kapitals' fiele in einer „laboristischen Ökonomie", in der die Unternehmenslenkung bei den Beschäftigten selbst läge, weg. Die Grundzüge einer solchen Ökonomie hat Vogt (1986) entwickelt. In ihr tauschen die Arbeitnehmer weniger Lohn gegen mehr Herrschaftsfreiheit ein.[2] Der Vorschlag baut ganz und gar darauf auf, dass ein manifestes Interesse an „Herrschaftsfreiheit" besteht. Aber „Selbstherrschaft" kann ungleich anstrengender sein

---

[1] Zur Frage der Arbeitsmotivation unter kapitalistischen Vorzeichen Berger (1999), Kap. 3.

[2] Ähnlich Meade (1976, S. 16 f.): „citizens could freely choose between high prosperity with low participation in the large-scale enterprises and low prosperity with high participation in the small-scale co-operatives."

als das milde Diktat einer zeitlich, sachlich und sozial beschränkten Herrschafts-
ausübung.

Typisch für die kapitalistische Unternehmung ist schließlich die feste Entlohnung, ganz unabhängig davon, ob das Unternehmen floriert oder Bankrott zu gehen droht. Löhne sind Vertragseinkommen, Gewinne ein Residualeinkommen,
das nur anfällt, nachdem alle vertraglichen Verpflichtungen erfüllt wurden. Weitzman (1987) hat ein Modell entwickelt, in dem die Arbeitnehmer zumindest partiell neben einem festen Grundlohn in Gewinnanteilen (falls Gewinne anfallen)
entlohnt werden. In einem solchen Remunerationsschema wäre die für die kapitalistische Unternehmung typische Trennung zweier Einkommensarten: dem Kon-
trakteinkommen und dem Residualeinkommen, zumindest partiell beseitigt. Man
kann mit Weber (1988, S. 60) darüber nachdenken, welche Chancen bestehen, das
Prinzip privatwirtschaftlicher Rentabilität und des daraus folgenden unternehmerischen Zwangs zur Kostendegression durch „irgendeine Form gemeinwirtschaft-
licher Solidarität" zu ersetzen. Geplant werden kann der hierzu erforderliche Wer-
tewandel jedenfalls nicht. Für den unternehmerischen Kapitalismus spricht, dass
er besser als jedes andere System in der Lage ist, die Massen mit immer mehr und
ständig neuen Konsumgütern zu versorgen. Insofern sieht alles danach aus, dass
auf absehbare Zeit der kapitalistischen Organisationsform der Wirtschaft auch die
Zukunft gehört.

Was Sie aus diesem Essential mitnehmen können

- Ein vertieftes Verständnis für die Problemlagen der heutigen Wirtschaft.
- Gesichtspunkte für die Auseinandersetzung mit dem Kapitalismus als Wirtschaftsform.
- Anregungen für die Suche nach nichtsozialistischen Alternativen zur Reform der Marktwirtschaft.
- Ein Weiterdenken des Problems, ob kapitalistische Wirtschaften auch in der Zukunft noch zur Vermehrung des Wohlstands in der Lage sind.

J. Berger, *Kapitalismusanalyse und Kapitalismuskritik,* essentials,
DOI 10.1007/978-3-658-04853-2, © Springer Fachmedien Wiesbaden 2014

Literatur

Admati, Annat, und Martin Hellwig. 2013. *The Banker's New Clothes. What's Wrong with Banking and What to Do about It*. Princeton: Princeton University Press.

Alderson, Arthur S., und Francois Nielsen. 2002. Globalization and the Great U-Turn: Income Inequality Trends in 16 OECD Countries. *American Journal of Sociology* 107:1244–1299.

Amable, Bruno. 2003. *The Diversity of Modern Capitalism*. Oxford: Oxford University Press.

Arrow, Kenneth J. 1977. The Organization of Economic Activity: Issues Pertinent to the Choice of Market Versus Nonmarket Allocation. In *Public Expenditure and Policy Analysis*, Hrsg. Robert H. Haveman und Julius Margolis, 67–81. 2. Aufl. Chicago: Rand McNally.

Atkinson, Anthony B. 1970. On the Measurement of Inequality. *Journal of Economic Theory* 2:244–263.

Atkinson, Anthony B., und Joseph Stiglitz. 1980. *Lectures on Public Economics*. London: McGraw-Hill.

Bell, Daniel. 1991 [1976]. *Die kulturellen Widersprüche des Kapitalismus*. Frankfurt: Campus.

Berger, Johannes. 1999. *Die Wirtschaft der modernen Gesellschaft. Strukturprobleme und Zukunftsperspektiven*. Frankfurt: Campus.

Berle, Adolf A., und Gardiner C. Means. 1932. *The Modern Corporation and Private Property*. New York: Macmillan

Bhagwati, Jagdish. 2004. *In Defense of Globalization*. Oxford: OUP.

Bowles, Samuel, und Richard Edwards. 1990. *Radical Political Economy*. Cheltenham: Edward Elgar.

Bowles, Samuel, David M. Gordon, und Thomas E. Weisskopf. 1990. *After the Waste Land. A Democratic Economics for the Year 2000*. Armonk: Sharpe.

Braverman, Harry. 1974. *Labor and Monopoly Capital. The Degradation of Work in the Twentieth Century*. New York: Monthly Review.

Breyer, Friedrich, und Martin Kolmar. 2010. *Grundlagen der Wirtschaftspolitik*. 3. Aufl. Tübingen: Mohr Siebeck.

Bücher, Karl. 1920. Die Entstehung der Volkswirtschaft. In *Die Entstehung der Volkswirtschaft. Vorträge und Aufsätze* Bücher, Hrsg. S. Karl, 83–160. 14. und 15. Aufl. Tübingen: Laupp.

Burnham, James. 1951. *Das Regime der Manager*. Stuttgart: Union Deutsche Verlagsgesellschaft.

Clark, Gregory. 2007. *A Farewell to Alms. A Brief Economic History of the World*. Princeton: Princeton University Press.

J. Berger, *Kapitalismusanalyse und Kapitalismuskritik*, essentials,
DOI 10.1007/978-3-658-04853-2, © Springer Fachmedien Wiesbaden 2014

Collins, Randall. 1997. An Asian Route to Capitalism: Religious Economy and the Origins of Self-Transforming Growth in Japan. *American Sociological Review* 62:843–865.

Deaton, Angus. 2013. *The Great Escape. Health, Wealth and the Origins of Inequality.* Princeton: PUP.

Diamond, Jared. 2005. *Kollaps. Warum Gesellschaften überleben oder untergehen.* Frankfurt: Fischer.

Drèze, Jean, und Amartya Sen. 1989. *Hunger and Public Action.* Oxford University Press.

Durkheim, Emile. 1988. *Über soziale Arbeitsteilung. Studie über die Organisation höherer Gesellschaften.* 2. Aufl. Frankfurt: Suhrkamp. (Frz. Orig. v. 1893).

Edwards, Richard. 1981. *Herrschaft im modernen Produktionsprozeß.* Frankfurt: Campus.

Emmott, Bill. 2003. *20:21 Vision. The Lessons of the 20th Century for the 21st.* London: Penguin Books.

Esping-Andersen, Gøsta. 1990. *The Three Worlds of Welfare Capitalism.* Cambridge: Polity Press.

Firebaugh, Glenn. 2003. *The New Geography of Global Income Inequality.* Cambridge: Harvard University Press.

Fogel, Robert William. 2004. *The Escape from Hunger and Premature Death, 1700–2100. Europe, America and the Third World.* Cambridge: CUP.

Fox, Alan. 1974. *Beyond Contract. Work, Power and Trust Relations.* London: Faber and Faber.

Fromm, Erich. 1976. *Haben oder Sein. Die seelischen Grundlagen einer neuen Gesellschaft.* Stuttgart: Deutsche Verlagsanstalt.

Goldberg, Pinelopi Koujianou, und Nina Pavcnik. 2007. Distributional Effects of Globalization in Developing Countries. *Journal of Economic Literature* XLV:39–82.

Gordon, Robert J. 2012. Is U.S. Economic Growth Over? Faltering Innovation Confronts the Six Headwinds. *NBER Working Paper* Nr. 18315.

Greenwood, Robin, und David Scharfstein. 2013. The Growth of Finance. *Journal of Economic Perspectives* 27:3–28.

Habermas, Jürgen. 1981. *Theorie des kommunikativen Handelns.* 2 Bde. Frankfurt: Suhrkamp.

Hall, Peter A., und David Soskice. 2001. An Introduction to Varieties of Capitalism. In *Varieties of Capitalism. The Institutional Foundations of Comparative Advantage,* Hrsg. Peter A. Hall und David Soskice, 1–70. Oxford: Oxford University Press.

Harrison, Bennett, und Barry Bluestone. 1988. *The Great U-Turn.* New York: Basic Books.

Hart, Oliver. 1995. *Firms, Contracts and Financial Structure.* Oxford: Clarendon.

Hellwig, Martin. 2010. *Finanzkrise und Reformbedarf. Preprints of the Max Planck Institute for Research on Collective Goods.* Nr. 19.

Hilferding, Rudolf. 1915. Arbeitsgemeinschaft der Klassen? *Der Kampf* 8:321–329.

Huber, Joseph. 2011. *Monetäre Modernisierung. Zur Zukunft der Geldordnung.* 2. aktualisierte Aufl. Marburg: Metropolis-Verlag.

Jackson, Gregory, und Richard Deeg. 2006. How Many Varieties of Capitalism? Comparing the Comparative Institutional Analyses of Capitalist Diversity. *MPIfG Discussion Paper* 06/2, Köln.

Katz, Lawrence F., und David H. Autor. 1999. Changes in the Wage Structure and Earnings Inequality, Chap. 26. In *Handbook of Labor Economics,* Hrsg. O. C. Ashenfelter und D. Card, vol. 3A. Amsterdam: North-Holland.

Keynes, John Maynard. 1936. *Allgemeine Theorie der Beschäftigung, des Zinses und des Geldes.* Berlin: Duncker & Humblot.

Keynes, John M. 1972 [1930]. Economic Possibilities for Our Grandchildren. In *Essays in Persuasion. The Collected Writings of John Maynard Keynes*, 321–332. Bd. IX. London: MacMillan.

Kindleberger, Charles P., und Robert Aliber. 2005. *Manias, Panics and Crashes. A History of Financial Crises*. 5. Aufl. Hoboken: Wiley.

Korsch, Karl. 1969. *Schriften zur Sozialisierung*. Herausgegeben und eingeleitet von Erich Gerlach. Frankfurt: Europäische Verlagsanstalt.

Krugman, Paul. 1996. *Pop Internationalism*. Cambridge: MIT Press.

Kuznets, Simon. 1965. Growth and Income Inequality. In *Economic Growth and Structure. Selected Essays*, Hrsg. Simon Kuznets, 257–287. New York: Norton.

Kuznets, Simon. 1973. Modern Economic Growth. Findings and Reflections. *American Economic Review* 63:247–258.

Layard, Richard, Stephen Nickell, und Richard Jackman. 1991. *Unemployment. Macroeconomic Performance and the Labour Market*. Oxford: OUP.

Lepsius, M. Rainer. 1979. Soziale Ungleichheit und Klassenstrukturen in der Bundesrepublik Deutschland. In *Klassen in der europäischen Sozialgeschichte*, Hrsg. Hans Ulrich Wehler, 166–209. Göttingen: Vandenhoeck.

Lutz, Burkhart. 1984. *Der kurze Traum immerwährender Prosperität. Eine Neuinterpretation der industriell-kapitalistischen Entwicklung im 20. Jahrhundert*. Frankfurt: Campus Lutz.

Maddison, Angus. 1991. *Dynamic Forces in Capitalist Development. A Long-Run Comparative View*. Oxford: Oxford University Press.

Maddison, Angus. 2001. *The World Economy: A Millenial Perspective*. Paris: OECD.

Marshall, Thomas H. 1950. *Citizenship and Social Class. And Other Essays*. Cambridge: Cambridge University Press.

Marx, Karl. 1968 [1867]. *Das Kapital. Kritik der politischen Ökonomie*. Marx-Engels Werke. Bd. 23. Berlin: Dietz-Verlag.

Marx, Karl. 1969 [1894]. *Das Kapital. Kritik der politischen Ökonomie*, 3. Bd. Marx-Engels Werke. Bd. 25. Berlin: Dietz-Verlag.

Marx, Karl. 1969. *Resultate des unmittelbaren Produktionsprozesses*. Archiv sozialistischer Literatur, 17. Frankfurt: Verlag Neue Kritik.

Marx, Karl, und Friedrich Engels. 1959 [1848]. In *Das Manifest der kommunistischen Partei*, Hrsg. Marx-Engels Werke, 459–493. Bd. 4. Berlin: Dietz.

Meade, James E. 1976. *The Just Economy*. London: Allen & Unwin.

Meadows, Dennis L., et al. 1972. *Die Grenzen des Wachstums. Bericht des Club of Rome zur Lage der Menschheit*. Stuttgart: Deutsche Verlags-Anstalt.

Milanovic, Branko. 2005. *Worlds Apart. Measuring International and Global Inequality*. Princeton: Princeton University Press.

Milgrom, Paul R., und John Roberts. 1992. *Economics, Organization and Management*. Englewood Cliffs: Prentice Hall.

Minssen, Heiner. 2006. *Arbeits- und Industriesoziologie. Eine Einführung*. Frankfurt: Campus.

Morishima, Michio. 1973. *Marx's Economics. A Dual Theory of Value and Growth*. Cambridge: CUP.

North, Douglass C., und Robert Paul Thomas. 1973. *The Rise of the Western World: A New Economic History*. Cambridge: CUP.

North, Douglass C., John Joseph Wallis, und Barry R. Weingast. 2006. A Conceptual Framework for Interpreting Recorded Human History. *NBER Working Paper* 12795.

OECD. 2008. *Growing Unequal? Income Distribution and Poverty in OECD Countries*. Paris.

Offe, Claus. 1972. *Strukturprobleme des kapitalistischen Staates. Aufsätze zur politischen Soziologie.* Frankfurt: Suhrkamp.

Passow, Richard. 1927. *Kapitalismus. Eine begrifflich-terminologische Studie.* Jena: Fischer. (2. neu durchgesehene Auflage Passow).

Philippon, Thomas, und Ariel Reshef. 2013. An International Look at the Growth of Modern Finance. *Journal of Economic Perspectives* 27:73–96.

Polanyi, Karl. 1957 [1944]. *The Great Transformation. The Political and Economic Origins of Our Time.* Boston: Beacon.

Rawls, John. 1979 [1972]. *Eine Theorie der Gerechtigkeit.* Frankfurt: Suhrkamp.

Reinhart, Carmen M., und Kenneth S. Rogoff. 2009. *This Time is Different. Eight Centuries of Financial Folly.* Princeton University Press.

Richter, Rudolf, und Eirik G. Furubotn. 1996. *Neue Institutionenökonomik. Eine Einführung und kritische Würdigung.* Tübingen: Mohr Siebeck.

Riesman, David. 1965. *Die einsame Masse. Eine Untersuchung der Wandlungen des amerikanischen Charakters.* Reinbek b. Hamburg: Rowohlt.

Rodrik, Dani, Arvind Subramian, und Francesco Trebbi. 2002. Institutions Rule: The Primacy of Institutions over Geography and Integration in Economic Development. *NBER Working Paper* 9305. Cambridge: National Bureau of Economic Research. (Rodrik et al.).

Roemer, John. 1988. *Free to Loose. An Introduction to Marxist Economic Philosophy.* Cambridge: Harvard University Press.

Sala-I-Martin, Xavier. 2006. The World Distribution of Income. Falling Poverty and…Convergence, Period. *Quarterly Journal of Economics* CXXI:351–397.

Schluchter, Wolfgang. 10991. Religion, politische Herrschaft, Wirtschaft und bürgerliche Lebensführung: Die okzidentale Sonderentwicklung. In *Religion und Lebensführung*, Hrsg. Wolfgang Schluchter. Bd. II. Frankfurt: Suhrkamp

Schubarick, Moritz, und Alan M. Taylor. 2012. Credit Booms Gone Bust: Monetary Policy, Leverage Cycles and Financial Crises, 1870–2008. *American Economic Review* 102:1029–1061.

Schumpeter, Joseph A. 1934 [1911]. *Theorie der wirtschaftlichen Entwicklung. Eine Untersuchung über Unternehmensgewinn, Kapital, Kredit, Zins und den Konjunkturzyklus.* Berlin: Duncker & Humblot.

Shapiro, Carl, und Joseph E. Stiglitz. 1984. Equilibrium Unemployment as a Worker Discipline Device. *American Economic Review* 74:433–444.

Simon, Herbert A. 1957 [1942]. A Formal Theory of the Employment Relation. In *Models of Man. Social and Rational,* Hrsg. Herbert A. Simon, 183–195. New York: Wiley & Sons.

Simon, Herbert A. 1991. Organizations and Markets. *Journal of Economic Perspectives* 5:25–41.

Sombart, Werner. 1916. *Der moderne Kapitalismus. Historisch-systematische Darstellung des gesamteuropäischen Wirtschaftslebens von seinen Anfängen bis zur Gegenwart. Zweiter Band: Das europäische Wirtschaftsleben im Zeitalter des Frühkapitalismus.* München: Duncker & Humblot.

Sombart, Werner. 1927. *Der moderne Kapitalismus. Historisch-systematische Darstellung des gesamteuropäischen Wirtschaftslebens von seinen Anfängen bis zur Gegenwart. Dritter Band: Das Wirtschaftsleben im Zeitalter des Hochkapitalismus.* München: Duncker & Humblot.

Sraffa, Piero. 1976 [1960]. *Warenproduktion mittels Waren. Einleitung zu einer Kritik der ökonomischen Theorie.* Frankfurt a. M.: Suhrkamp.

Stern, Nicholas. 2006. *Stern Review on the Economics of Climate Change.* www.hm-treasury. gov.uk.

Tönnies, Ferdinand. 1991 [1887]. *Gemeinschaft und Gesellschaft. Grundbegriffe der reinen Soziologie.* 3. unveränderte Aufl. Darmstadt: Wissenschaftliche Buchgesellschaft.

Turner, Adair, et al. 2010. *The Future of Finance: The LSE Report.*

Van Parijs, Philippe. 1995. *Real Freedom for All. What (if Anything) Can Justify Capitalism?* Oxford: Clarendon.

Vogt, Winfried. 1986. *Theorie der kapitalistischen und einer laboristischen Ökonomie.* Frankfurt: Campus.

Wallerstein, Immanuel. 1979. Aufstieg und künftiger Niedergang des kapitalistischen Weltsystems. Zur Grundlegung vergleichender Analysen. In *Kapitalistische Weltökonomie. Kontroversen über ihren Ursprung und ihre Entwicklungsdynamik,* Hrsg. Dieter Senghaas, 31–67. Frankfurt: Suhrkamp.

Weber, Max. 1920. *Gesammelte Aufsätze zur Religionssoziologie.* Bd. 1. Tübingen: Mohr Siebeck.

Weber, Max. 1924. Agrarverhältnisse im Altertum. In *Gesammelte Aufsätze zur Sozial- und Wirtschaftsgeschichte,* 1–288. Tübingen: Mohr Siebeck.

Weber, Max. 1972 [1922]. *Wirtschaft und Gesellschaft. Grundriß der verstehenden Soziologie.* 5. revidierte Aufl. Tübingen: Mohr Siebeck.

Weber, Max. 1981 [1923]. *Wirtschaftsgeschichte: Abriss der universalen Sozial- und Wirtschaftsgeschichte.* Berlin: Duncker & Humblot.

Weber, Max. 1988 [1924]. Methodologische Einleitung für die Erhebung des Vereins für Sozialpolitik über die Auslese und Anpassung (Berufswahl und Berufsschicksal) der Arbeiterschaft der geschlossenen Großindustrie (1908). In *Gesammelte Aufsätze zur Soziologie und Sozialpolitik,* 1–60. 2. Aufl. Tübingen: Mohr und Siebeck.

Weitzman, Martin L. 1987. *Das Beteiligungsmodell (The Share Economy). Vollbeschäftigung durch flexible Löhne.* Frankfurt: Campus.

Williamson, Oliver E. 1985. *The Economic Institutions of Capitalism. Firms, Markets, Relational Contracting.* New York: Free Press.

Windolf, Paul. 2005. Was ist Finanzmarktkapitalismus? In *Finanzmarkt-Kapitalismus. Analysen zum Wandel von Produktionsregimen. Sonderheft 45 der Kölner Zeitschrift für Soziologie und Sozialpsychologie,* Hrsg. Paul Windolf, 20–57. Wiesbaden: VS Verlag für Sozialwissenschaften.

Windolf, Paul. 2008. Eigentümer ohne Risiko. Die Dienstklasse des Finanzmarkt-Kapitalismus. *Zeitschrift für Soziologie* 37:516–535.